PLANEJAMENTO ESTRATÉGICO
na prática

O GEN | Grupo Editorial Nacional – maior plataforma editorial brasileira no segmento científico, técnico e profissional – publica conteúdos nas áreas de ciências sociais aplicadas, exatas, humanas, jurídicas e da saúde, além de prover serviços direcionados à educação continuada e à preparação para concursos.

As editoras que integram o GEN, das mais respeitadas no mercado editorial, construíram catálogos inigualáveis, com obras decisivas para a formação acadêmica e o aperfeiçoamento de várias gerações de profissionais e estudantes, tendo se tornado sinônimo de qualidade e seriedade.

A missão do GEN e dos núcleos de conteúdo que o compõem é prover a melhor informação científica e distribuíla de maneira flexível e conveniente, a preços justos, gerando benefícios e servindo a autores, docentes, livreiros, funcionários, colaboradores e acionistas.

Nosso comportamento ético incondicional e nossa responsabilidade social e ambiental são reforçados pela natureza educacional de nossa atividade e dão sustentabilidade ao crescimento contínuo e à rentabilidade do grupo.

PLANEJAMENTO ESTRATÉGICO
na prática

ADALBERTO A. **FISCHMANN**

MARTINHO ISNARD R. DE **ALMEIDA**

3ª
EDIÇÃO

Direitos exclusivos para a língua portuguesa
Copyright © 2018 by
Editora Atlas Ltda.
Uma editora integrante do GEN | Grupo Editorial Nacional

Rua Conselheiro Nébias, 1384
Campos Elíseos, São Paulo, SP – CEP 01203-904
Tels.: 21-3543-0770/11-5080-0770
faleconosco@grupogen.com.br
www.grupogen.com.br

Designer de capa: Rodrigo Lippi
Editoração Eletrônica: LMDesign

CIP-BRASIL. CATALOGAÇÃO NA PUBLICAÇÃO
SINDICATO NACIONAL DOS EDITORES DE LIVROS, RJ

F564p

Fischmann, Adalberto A.

Planejamento estratégico na prática / Adalberto A. Fischmann, Martinho Isnard Ribeiro de Almeida. – 3. ed. – São Paulo: Atlas, 2018.

ISBN 978-85-97-01626-0

1. Administração de empresas. 2. Planejamento empresarial. I. Almeida, Martinho Isnard Ribeiro de. II. Título.

18-47991   CDD: 658.4012

Para nossas famílias, em especial
para Eduardo, Filipe, Ernesto e Adrienne
e para Francisco, João Luis, Vica e Hugo
nossos filhos, esposa e pais;
e para todas as outras famílias nas quais
acreditamos que o planejamento
estratégico é praticado inconscientemente.

Apresentação à 3ª edição

A 3ª edição conta com uma profunda atualização. Seguem alguns destaques:

A permeabilidade da estratégia dentro da organização mudou. Antes restrita ao alto escalão, a estratégia era tratada até como segredo competitivo. No cenário atual, é fundamental que a estratégia permeie todos os níveis hierárquicos, fazendo todas as pessoas da organização trabalharem para atingir os objetivos estratégicos de forma coesa, eficiente e eficaz. A nova versão reflete esse movimento.

No cenário competitivo, as variáveis do ambiente interferem cada vez mais nas organizações. Assim, na nova versão, a etapa de Avaliação do Ambiente no Planejamento Estratégico cresceu em importância, ganhando um capítulo específico para a Avaliação do Ambiente Operacional.

A estratégia tornou-se muito mais discutida mesmo em pequenos negócios. Autores como Michael Porter passaram a fazer parte do conteúdo de cursos e palestras para pequenos empresários, como cursos do Sebrae, e conceitos antes restritos à academia ficaram muito mais acessíveis ao público geral. A nova versão apresenta o modelo das cinco Forças Competitivas de Porter, assim como os conceitos relacionados às Estratégias Genéricas de Porter.

A estratégia extrapolou os limites da organização, trazendo relevância para arranjos produtivos mais complexos e conectados, como os *Clusters* e as Redes de Negócios, que foram adicionados a esta edição.

A teoria e a prática sobre implantação da estratégia também amadureceram, e a versão revisada inclui o *Balanced Scorecard*, importante ferramenta criada por Kaplan e Norton para a gestão estratégica.

Outra novidade é a discussão da relação entre a missão do negócio e a vocação do proprietário da pequena empresa, que deriva de um amadurecimento da teoria e da prática sobre o empreendedorismo. Assim como a visão estratégica, fundamental para o planejamento e gestão, em especial de organizações maiores e mais complexas.

A nova edição apresenta também particularidades do Planejamento Estratégico para diferentes tipos de organização além das Instituições Financeiras. Foram incorporadas as particularidades do Planejamento Estratégico Pessoal, para Microempresas, ONGs e Negócios Sociais.

A história ganhou uma nova personagem, a Sra. Sílvia, uma grande empresária do ramo financeiro, que introduz exemplos dos conceitos e ferramentas aplicados a uma grande empresa.

Prefácio

Cabe uma explicação ao leitor do porquê deste livro.

A origem de nossa decisão foi a dificuldade de transmitir aos nossos alunos e aos profissionais das empresas onde atuamos os conhecimentos de Planejamento Estratégico, pois a literatura que existe requer normalmente uma base para seu entendimento.

Observamos também que a técnica de Planejamento Estratégico vem sendo bem utilizada por poucas empresas, e normalmente as de maior porte. Achamos que esta situação é, para dizer o mínimo, um desperdício, particularmente em um país como o Brasil, onde as mudanças ambientais como a política e a economia exigem um maior grau de reflexão sobre suas influências nos negócios das empresas. As técnicas de Planejamento Estratégico vêm exatamente ajudar o administrador a estabelecer o caminho que a empresa deverá seguir.

Por outro lado, acreditamos que os potenciais usuários de Planejamento Estratégico muitas vezes deixam de utilizá-lo por imaginar tratar-se de algo muito sofisticado, que requeira equipes onerosas ou experientes especialistas para elaborar cenários prospectivos para os setores de atividades de seus negócios.

A proposta deste livro é, portanto, desmistificar a prática do Planejamento Estratégico.

Para tanto, nossa preocupação é a de mostrar ao leitor que ele pode e deve incorporar o Planejamento Estratégico a todos os tipos e tamanhos de empresas. Utilizamos, para isso, uma história de introdução de Planejamento Estratégico que poderia se passar em uma pequena empresa atacadista de tecidos. Achamos que os exemplos práticos facilitam o entendimento e são mais fáceis de serem gravados.

Esperamos que gostem do nosso trabalho.

Os Autores

Observação dos Autores

Na capa do livro, procuramos mostrar, com a imagem de uma família, a necessidade de planejar na prática as decisões estratégicas.

Com certeza, uma das decisões estratégicas mais importantes na vida de um casal é a de ter filhos e quantos. As consequências terão impactos muito significativos tanto em termos de futuridade, como da impossibilidade de voltar atrás.

Tipicamente, as decisões estratégicas têm repercussões que afetam as organizações de modo muito extenso, muitas vezes perdurando por um longo período de tempo. Da mesma forma, uma vez escolhida determinada opção, torna-se difícil retornar à situação anterior.

Assim, entendemos que a ilustração da capa sinaliza de forma muito simples como o planejamento estratégico produz efeitos duradouros e muitas vezes irreversíveis.

Para facilitar o entendimento dos conceitos de Planejamento Estratégico (PE), nós o relacionaremos com a história (fictícia) de uma Organização.

Esta Organização é uma atacadista de tecidos chamada Atacado São Jorge, tendo como dono o Sr. José (denominado proprietário) que, por sua vez, tem dois filhos adultos: João e Antônio.

O Sr. José tem um amigo, o Dr. Carlos (denominado consultor no texto), que é professor na Faculdade de Administração e sempre orienta o Sr. José.

Além desses personagens, há menções à empresária Sra. Sílvia, presidente de um conglomerado de empresas, também assessorada pelo Dr. Carlos.

Agradecemos à Profa. MSc. Jaciara Cruz pela importante contribuição para esta última edição, sem a qual não teria sido possível realizar este trabalho.

Sumário

Necessidade de Planejamento Estratégico

1

Durante muitos anos, José (proprietário) administrou sozinho sua pequena Organização, que crescia não somente por seu trabalho constante, mas principalmente porque, devido à sua experiência, quase sempre acertava na compra dos tecidos que seriam os mais procurados em razão da moda, estação, preço etc.

Com o crescimento dos filhos, o proprietário foi colocando-os para aprender seu ofício. No início, atuavam mais como mensageiros, mas com o tempo foi constatando que cada um gostava mais de fazer determinados trabalhos.

João era mais ligado à parte administrativa, pois gostava de ir a bancos, fazer a contabilidade, atualizar controles de estoque etc. Antônio era mais interessado na parte operacional, ou seja, nos negócios propriamente ditos, pois, quando ia entregar uma peça de tecido, muitas vezes conversava com o alfaiate e trazia não somente sugestões de compras, mas muitas vezes até pedidos de novas vendas.

Com o passar dos anos, o proprietário, sem perceber, foi passando a parte administrativa para João e a parte operacional para Antônio e, aparentemente, José ficou sem função, mas na verdade, ficou com a direção da empresa. Em seu trabalho, cabiam-lhe somente as decisões mais importantes e, mesmo assim, mais em nível de orientação. Por exemplo, quando Antônio fizera uma grande compra de tecidos caros e José não aprovou, pois acreditava que deveriam adquirir um volume maior de tecidos populares para atender a uma clientela que, embora não lhes dessem tanto lucro, era mais fiel. Outra vez foi João, que queria aplicar toda a sobra de caixa na bolsa de valores. O proprietário também não concordou, pois preferia não arriscar seu dinheiro e estar sempre seguro para uma eventualidade.

Com suas novas funções, José passou a ter mais tempo, e a empresa, com o trabalho de seus filhos, passou a ser mais rentável. Assim, depois de algum tempo, a empresa dispôs de um capital para aplicação em seu próprio negócio, como quis José, e este ficou com tempo para estudar uma boa aplicação.

José sabia que sua decisão de onde aplicar era muito importante, assim como a de qual rumo dar aos seus negócios. Conhecia muitos exemplos de empresas que deram um passo maior que a perna, ou que perderam tudo por desconhecer as "artimanhas" de um negócio novo. Por outro lado, sabia que o sucesso dos grandes empresários estava exatamente nesse tipo de decisão, pois de pouco vale a eficiência administrativa e operacional se não houver a eficácia da direção.

O proprietário, embora uma pessoa muito prática, resolveu procurar seu amigo Dr. Carlos, que era consultor e professor na Faculdade de Administração, e já lhe tinha dado muitos conselhos úteis. José dizia que o Dr. Carlos nada mais fazia do que juntar a experiência de várias pessoas como a dele e, por isso mesmo, queria usar um pouco a experiência dos outros.

O consultor explicou-lhe que o que José precisava era fazer um planejamento da direção da empresa, o que era diferente dos outros planejamentos que eles já faziam para a parte operacional (planejamento operacional) e administrativa da empresa (orçamento).

A parte operacional conforme explicou o Dr. Carlos, não são somente as atividades diretamente ligadas às operações como produção para uma indústria ou de vendas para uma empresa comercial, mas todas as atividades que completam as operações. Dessa forma, o Dr. Carlos mostrou que o ciclo operacional em uma indústria começa nas compras da matéria-prima e vai até o depósito do dinheiro das vendas no banco. Áreas como vendas, departamento de pessoal e tesouraria, fazem parte do ciclo operacional e áreas como gerência de produtos, controladoria, e treinamento, fazem parte do nível administrativo, pois ligam as decisões estratégicas às operacionais.

A parte operacional, disse também o Dr. Carlos, é avaliada por sua eficiência, ou seja, fazer algo da melhor forma e com o menor prazo e recursos. A eficiência pode ser medida por meio de números e está ligada ao modo de pensamento racional.

O proprietário observou que esse conceito poderia ser completado, pois as atividades operacionais são voltadas para o dia a dia, e têm um horizonte de tempo muito curto, ao passo que as atividades administrativas estão fora da rotina e são voltadas para o médio prazo. Afirmou o proprietário que, segundo sua experiência não dá certo colocar um funcionário responsável por atividades operacionais e administrativas, pois as atividades rotineiras consomem todo o tempo do funcionário e as atividades administrativas acabam sendo postergadas.

O Dr. Carlos acrescentou que, se isso fosse verdade para as atividades administrativas, o que dizer das atividades estratégicas que ficam relegadas a um segundo plano, principalmente nas pequenas empresas, onde o empresário assume atividades operacionais, tendo muitas vezes grande dificuldade de delegar essas atividades, pois acredita que ninguém sabe desenvolver um trabalho como ele. O problema é que, segundo o Dr. Carlos, ao fazer o trabalho dos outros, deixa de fazer o seu que é, sobretudo, dar a direção à empresa.

Dr. Carlos explicou que a parte administrativa e, mais ainda, a estratégica buscam a eficácia, que é atender as necessidades dos outros, ou seja, do ambiente da organização. A eficácia é difícil de ser medida, pois são atividades de longo prazo frutos da criatividade do administrador.

José se entusiasmou com a ideia, principalmente porque já tinha sentido falta desse tipo de planejamento quando ia fazer o orçamento: como ele poderia estimar o volume das suas vendas, se não sabia se aumentaria seus negócios ou partiria para fazer alguma coisa diferente?

José sabia que era grande a responsabilidade pela escolha do caminho de seus negócios.

O entusiasmo do proprietário foi tão grande que o Dr. Carlos precisou lhe mostrar que esse novo tipo de planejamento não era uma panaceia, e que somente o ajudaria a decidir e fazer sua decisão ser seguida, pois o sucesso da decisão dependeria, sobretudo da experiência de José e de um fator sorte, inerente a todos os negócios.

O proprietário ficou satisfeito ao ouvir do consultor que este seria o seu planejamento estratégico, pois já ouvira o termo, mas o conceito na prática não lhe era claro. O Dr. Carlos explicou que a palavra estratégia vem do grego *strategos*, que significa "chefe do exército", e que esse conjunto de técnicas administrativas (planejamento estratégico) tem a ver com os planejamentos das guerras realizados pelo chefe do exército com a ajuda de seus generais.

O Dr. Carlos explicou que a técnica de planejamento estratégico costuma ser desenvolvida para a empresa como um todo, mas que poderia ser aplicada também para unidades de uma empresa, e até para um indivíduo. O Dr. Carlos explicou que todos nós fazemos nosso plano estratégico de uma forma empírica, e que as técnicas administrativas apenas procuram sistematizar e ordenar algo que fazemos sem perceber.

A essa altura da conversa, o Dr. Carlos perguntou ao proprietário o que ele esperava para o futuro em sua vida. Após uma brincadeira do proprietário, que disse que o Dr. Carlos estava ficando muito filosófico, ele começou a falar do futuro que queria para seus filhos e para a empresa, e quando já estava falando o que pretendia para os netos, o Dr. Carlos o interrompeu, e antes que a conversa fosse muito longe, mostrou que esse desejo de futuro que todos temos reflete-se em um plano de vida, que em uma empresa é o plano estratégico.

Antes de conhecer os detalhes, o proprietário quis saber, *grosso modo*, como funciona esse tipo de planejamento.

Dr. Carlos explicou que o nome estratégia vem do grego "strategos", que quer dizer "chefe do exército".

Antonio questionou o Dr. Carlos.

– Ouço falar que Planejamento Estratégia é algo pouco utilizado, e que se deve estudar as estratégias, sem a necessidade do desenvolvimento do planejamento.

– Existe realmente alguma confusão feita pelas pessoas em geral, sobretudo porque muitas empresas tornaram o processo muito rígido, observou Dr. Carlos. Mas o processo de planejamento é importante, embora não deva ser inflexível, pois as mudanças sempre que necessárias devem ser implementadas.

– Ouvi falar que o planejamento nunca acerta, observou o João.

– Realmente, o Plano estratégico normalmente não chega exatamente ao que se planejou, respondeu Dr. Carlos, mas o que se procura é que por meio das discussões estratégicas as pessoas envolvidas passem a pensar estrategicamente.

– Da mesma forma como dizemos que temos que passar a pensar em inglês, brincou o proprietário. Pois quando comecei a estudar inglês tinha que pensar no tempo do verbo, se estava certo, qual preposição era mais adequada, e depois, com a prática, as frases saem sem a necessidade de pensar.

– Na verdade, respondeu Dr. Carlos, é que o senhor passou a pensar em inglês e da mesma forma, quando desenvolvemos o planejamento em uma empresa como o Atacado São Jorge, passamos a pensar estrategicamente e as ações e decisões estratégicas passam a ser mais naturais e lógicas. É quando dizemos que as pessoas passam a pensar estrategicamente.

Parte Teórica

As explicações do consultor de como funciona o Planejamento Estratégico serão tratadas nos próximos capítulos. Veremos agora uma parte teórica (que será praticamente toda apresentada na história da empresa de tecidos Atacado São Jorge) e algumas questões para reforço dos conceitos.

Na administração das organizações podemos distinguir três níveis, que têm características distintas:

- *Estratégico: dá a direção à organização adaptando-a a seu meio ambiente (Diretoria, Conselho de Administração). Visa ao longo prazo. Procura a eficiência, mas, sobretudo, a eficácia organizacional;*
- *Administrativo ou Tático: cuida do relacionamento e integração interna da organização (como Treinamento, Controladoria, Gerência de Produtos). Procura tanto a eficiência, quanto a eficácia;*
- *Operacional: cuida das operações da organização (como Compras, Produção, Departamento de Pessoal, Tesouraria, Vendas). Visa ao curto prazo e procura a eficiência.*

Para o trabalho dos dois últimos níveis, a ciência da Administração tem desenvolvido inúmeras técnicas que têm colaborado para o aumento da eficiência das organizações, no sentido de conseguir, com o menor esforço, o melhor resultado administrativo e operacional (isto é, fazer as coisas da melhor maneira).

O primeiro nível, no que diz respeito à estratégia, ou ao caminho que a organização como um todo deverá seguir, buscando a eficácia, representa um desafio muito mais complexo e requer uma preocupação cada vez maior dos gestores.

Enquanto para a eficiência o foco está em fazer as coisas de modo adequado, para a eficácia a preocupação é' fazer as coisas certas, para atender as necessidades do ambiente da organização. A eficiência tem um horizonte de curto prazo, o controle pode ser numérico, e se desenvolve por meio de uma forma de pensar racional. Já a eficácia tem um horizonte de longo prazo e seu controle é difícil de ser realizado, pois o resultado não é numérico, e se desenvolve por meio de uma forma criativa.

O processo de planejamento é inerente à natureza humana, quando temos que prever o que irá acontecer no futuro. O planejamento no nível estratégico costuma ser desenvolvido em um prazo maior e, assim, não é exato como um plano de curto prazo. Mesmo sendo impreciso, o planejamento para um prazo mais longo é necessário, pois as ações tomadas hoje poderão ter um reflexo no longo prazo, sendo importante que se passe a pensar estrategicamente para direcionar as ações do dia a dia para um futuro desejado.

Questões

1. *Na história apresentada neste capítulo, quem é o principal responsável pela eficácia da Organização?*

2. *Qual é a diferença entre eficiência e eficácia?*

3. *Quais são os três níveis da administração da Organização? Dê exemplos de suas áreas.*

4. *O Planejamento Estratégico serve para planejar que nível da administração de uma empresa?*

5. *As boas decisões estratégicas só dependem do PE?*

6. *O sucesso das empresas não se deve somente à sua eficiência administrativa e operacional. Por quê?*

7. *Qual é a relação entre o PE e o orçamento?*

8. *Qual é a origem do termo estratégia?*

Conceito de Planejamento Estratégico

2

No Capítulo 1 vimos como José sentiu a necessidade de um PE, e, na conversa com o Dr. Carlos, pediu a este que lhe explicasse, *grosso modo*, como funciona esse tipo de planejamento. Este é exatamente o assunto que iremos tratar neste capítulo.

Para essa conversa com o consultor José teve o cuidado de trazer os seus dois filhos, João e Antônio.

O consultor se animou com a plateia, não somente pelo interesse pelo que lhes poderia transmitir, mas também porque, já prevendo que José iria querer introduzir o PE em sua empresa, achava da maior importância que João e Antônio também entendessem o que é o PE. Isto porque o Dr. Carlos, pela sua experiência de consultor, sabia que dificilmente se consegue introduzir o PE em uma empresa quando as pessoas responsáveis pelas decisões não têm claros os conceitos de PE, existindo, como é natural, uma resistência por aquilo que é desconhecido.

Na explicação do consultor, ele afirmou que o processo de se realizar o PE é semelhante àquele em que nos submetemos quando, por algum motivo, fazemos uma reflexão sobre a trajetória passada e futura de nossa vida.

Nessa reflexão, normalmente olhamos para traz para ver o que já fizemos, o que queremos, e se o rumo está correto, dentro das condições que temos. Brincando, o Dr. Carlos mencionou que, se o objetivo de alguém fosse tornar-se rico, dificilmente conseguiria sendo, como ele, um professor universitário.

No caso do Atacado São Jorge, o Dr. Carlos explicou que eles precisariam refletir sobre a missão da empresa, ou seja, eles teriam de pensar para que serve a empresa, seus valores e sua visão, que é um desafio para o futuro do Atacado São Jorge. Teriam de analisar o ambiente da empresa para identificar as oportunidades e ameaças, os pontos fortes que devem ser aproveitados e os pontos fracos com os quais se deve tomar cuidado. Com base na missão determinada e na análise dos pontos fortes e fracos é estabelecido um caminho (estratégia) para aproveitar as oportunidades e mitigar as ameaças que o ambiente lhe oferece.

Nas microempresas, em que o empresário tem uma relação muito estreita com a organização, o conceito de missão poderá ser substituído pelo de vocação, que reflete o gosto e as habilidades das pessoas em desenvolver uma atividade, pois a vocação do empresário se reflete na empresa. Quando executamos algo que é da nossa vocação, teremos maior possibilidade de sucesso.

A explicação do consultor, embora de uma forma bastante simples, ainda levantou algumas dúvidas. João foi o primeiro a contestar:

– Ora, Dr. Carlos, todos nós sabemos que o Atacado São Jorge serve para ganharmos dinheiro. Não é preciso nem discutir sua missão.

Tanto na nossa vida como na empresa, é preciso, antes de planejar, refletir sobre aquilo que é a nossa vocação (missão), ou seja, precisamos descobrir o que queremos fazer e, então, poderemos ter sucesso.

– É claro que todo negócio tem que dar dinheiro, retrucou Dr. Carlos, mas, se fosse só isso, será que não haveria outro trabalho que desse mais?

– O Dr. Carlos está certo – interferiu o proprietário. Vejam quantas vezes nós não perdemos dinheiro para atender a um cliente, e por isso hoje temos uma clientela fiel, que sabe que pode contar conosco. Assim, mesmo que a concorrência tenha preço melhor, eles preferem o nosso produto, pelo nosso atendimento. A nossa missão, como eu vejo, também não se resume em vender o tecido, pois influenciamos tanto o lado do cliente, com os tecidos que irão comprar, como até mesmo dos fabricantes, que sempre nos consultam antes de lançar uma nova linha de tecidos. A meu ver, a missão do Atacado São Jorge é facilitar a ligação entre o fabricante e o cliente de tecidos por meio de uma compra e venda técnicas, ou seja, com assessoria.

– Essa sua visão, senhor José, já reflete seus valores, afirmou o consultor.

– Dentro de valores, complementou João, também identifico a nossa preocupação com o meio ambiente, com o bem-estar de nossos funcionários. E sempre pagamos taxas e impostos corretamente, mesmo quando vemos concorrentes que não o fazem.

– Então, João, podemos dizer que seus valores são "agir de uma forma ética, correta, com todos os seus *stakeholders* (clientes, fornecedores, sociedade), tendo o lucro como consequência de um bom trabalho", consolidou Dr. Carlos. A próxima etapa agora é identificar a visão para o Atacado São Jorge.

– É sermos o principal atacado de tecidos do Brasil, exclamou João.

– No entanto, João, a visão não deve ser algo tão longe de se alcançar, contra-argumentou o consultor. Se não, em vez de inspirar os funcionários, você poderá desanimá-los, ou fazê-los não se importarem com a visão da empresa.

– Entendi, Dr. Carlos. Nesse caso, nossa visão poderia ser nos tornarmos o maior atacado de tecidos na nossa cidade, reconhecido por nossos clientes como o melhor serviço, o que acham?

– Ótimo, João, animou-se o Dr. Carlos. Esse desafio pode ser desenvolvido, e certamente os funcionários ficarão motivados a buscá-lo.

A discussão sobre qual seria a missão e visão do Atacado São Jorge teria continuado se o Antônio não "cortasse" João (que, por sinal, não gostou muito):

– Hoje nós temos de entender as coisas *grosso modo*, depois podemos voltar ao assunto com mais calma. Agora, gostaria de entender melhor o que é ambiente de uma empresa e como podemos identificar as oportunidades e os riscos.

Ambiente, explicou o consultor, é tudo aquilo que interfere nos negócios da empresa e sobre o que a empresa não tem ação. Por exemplo, digamos que o governo reduza o imposto de alguns tecidos. Essa talvez possa ser uma oportunidade para vender mais tecidos desse tipo.

O ambiente para uma empresa, como para uma árvore, é tudo aquilo que interfere na sua vida e que nada ou muito pouco pode ser feito para mudá-lo.

Nesse momento, João puxou um bloquinho de anotações e disse:

– Já que estamos tirando dúvidas, tenho ouvido falar de planejamento estratégico, mas também de algumas outras teorias parecidas, como o planejamento de longo prazo, planejamento tático e administração estratégica.

– Bem, vê-se que você já andou estudando o assunto, comentou o Dr. Carlos, pois estas técnicas, embora sejam distintas, têm muita ligação com o PE. *Grosso modo*, podemos dizer que o planejamento tático é o orçamento que vocês já fazem. O planejamento de longo prazo é uma extrapolação do que a empresa vem fazendo para o futuro, mas sem mudar o rumo da empresa. Esse tipo de planejamento é útil para a elaboração do PE, pois mostra para onde a empresa iria se não houvesse mudanças ambientais ou de estratégia da empresa.

João, procurando mostrar o entendimento, argumentou:

– Quer dizer que, se nós acreditarmos que não haverá mudança no ambiente da empresa e que a estratégia atual irá permanecer, podemos dizer que, nesse caso, o planejamento de longo prazo será igual ao planejamento estratégico?

– Sim, respondeu o Dr. Carlos, nesse caso você está certo, e acredito até que as empresas que começam fazendo o planejamento de longo prazo acabam, sem querer, discutindo variações ambientais e mudanças de rumo da empresa. Dessa forma, o planejamento estratégico acaba tornando-se muito mais fácil de introduzir na empresa que já tem planejamento de longo prazo.

– E a administração estratégica?, cobrou João.

– Assim como o planejamento de longo prazo leva ao planejamento estratégico, este leva à administração estratégica, que é tornar a administração mais capaz (que nós chamamos de capacitação) para seguir o plano estratégico no dia a dia, nas decisões tanto administrativas como operacionais. Na administração estratégica, além de planejar, também se organiza, dirige e controla aquilo que foi planejado.

– Se não estou enganado, disse José, esse nosso bate-papo já faz parte daquilo que é a capacitação da organização.

– É exatamente isso, concordou o Dr. Carlos, e por aí podemos ver que essas teorias estão muito ligadas, e é difícil estabelecer limites bem definidos, mas é importante que nós tenhamos conhecimento dessas técnicas e entender sua ligação e complementaridade, para podermos fazer o melhor uso delas. Agora, somente o conhecimento das técnicas não é suficiente para que a organização esteja capacitada para o PE. É importante também o desenvolvimento das competências para tomada de decisão estratégica, principalmente pela direção da organização.

– Não entendi, Dr. Carlos, poderia explicar melhor o que é essa competência para tomada de decisão estratégica, perguntou Antônio.

– A Competência, explicou Dr. Carlos, é composta de três elementos: conhecimento, habilidade e atitude. Para tomar decisões estratégicas, você precisa ter conhecimento sobre as técnicas da administração estratégica, precisa ter a habilidade de tomar a decisão estratégica e tem que ter uma atitude voltada para a eficácia organizacional. Assim, vou passar a vocês algum material de leitura adicional para que aprendam as técnicas da administração estratégica, o que vai lhes dar o *conhecimento* necessário para tomar as decisões estratégicas. Adicionalmente, gostaria que você, José, junto com seus filhos, praticassem discussões estratégicas sobre o futuro. Essas discussões lhes proporcionarão a *habilidade* para pensar e tomar decisões estratégicas. É necessário ter a prática para desenvolver esse aspecto da competência, pois a habilidade se aprende praticando, não é possível ensiná-la. Por fim, não adianta ter o conhecimento e a habilidade, se a *atitude* do gestor for muito voltada para si mesmo, ou seja, para ser apenas eficiente. É preciso ter uma atitude voltada para fora, para o atendimento das necessidades dos outros, sejam outras áreas da empresa além da sua responsabilidade direta, sejam de fora da empresa. Nesse ponto estará atendendo as necessidades dos *stakeholders*, sendo também eficaz.

– Obrigado, Dr. Carlos, agora estou ansioso para praticar nossas discussões estratégicas e observar as nossas atitudes, animou-se Antônio.

Nesse momento, João voltou a puxar o bloquinho e disse, orgulhoso:

– E já estamos no caminho certo! Como o senhor descobriu, Dr. Carlos, andei lendo alguma coisa sobre o assunto, para não chegar muito cru em nossa conversa. Sem querer fazê-lo de dicionário, gostaria de entender alguns termos que são muitos usados, mas que me causam um pouco de confusão: *plano, planejamento, objetivo, meta e política*.

– Não há problema em me fazer de dicionário, disse o consultor, mesmo porque o dicionário poderá dar o significado das palavras, mas não o sentido que a palavra tem para a ciência da Administração. Para explicar o significado de *plano* e *planejamento* será mais fácil apontar suas diferenças. O plano é algo estático, que normalmente é formalizado em um documento. Podemos referir-nos ao plano estratégico do ano passado. Já o planejamento é um processo contínuo, não impedindo que dentro deste processo existam prazos e datas para realizar planos. Comparando com um filme, diria que as fotos que o compõem seriam como planos que indicam o pensamento do planejamento naquele instante. Em outras palavras, planejamento é o processo contínuo de elaboração e o plano é o produto ou resultado do planejamento.

O plano é como uma fotografia (estático) e o planejamento é como um filme (dinâmico).

Os termos *objetivo, meta e política*, continuou o Dr. Carlos, têm significados diferentes para as pessoas que trabalham com planejamento estratégico, por isso vou dar-lhes o significado que eu adoto, e que me parece seja o mais usado. O termo *política* serve para decisões repetitivas. Assim, por exemplo, o Atacado São Jorge deve ter uma política de reembolso de despesas de vendedores.

As políticas são decisões que servem para repetidas ocasiões iguais. Imagine se a cada despesa o vendedor tivesse de pedir autorização.

– Nossa política de reembolso de despesas, interviu o proprietário, estabelece o valor por quilômetro rodado urbano e rodoviário, valor máximo de hospedagem e até com despesas de representação.

– Vemos pela sua colocação que vocês não precisam ficar pessoalmente analisando cada relatório de vendedor. Vocês devem ter uma pessoa que somente verifique se o relatório está enquadrado na política.

– No caso, é a minha secretária, esclareceu José.

– Mas o que tem a ver a política com o Planejamento Estratégico?, questionou Antônio.

– Quando vocês estabeleceram essa política, certamente discutiram o nível de reembolso, em razão da intenção que tinham de valorizar os vendedores, e isso depende da estratégia, embora inconsciente, que queriam dar ao Atacado São Jorge. Dessa forma, quando o Atacado São Jorge tiver um planejamento estratégico formal, as políticas terão de ser revistas para verificar se estão de acordo com a estratégia estabelecida e, ao serem criadas outras políticas, também deverão ser examinadas em função da estratégia estabelecida.

– E objetivo e meta, não são a mesma coisa?, perguntou João.

– A meta é a segmentação do objetivo, respondeu Dr. Carlos, que é algo concreto que a organização deseja alcançar, e a meta por ser mais próxima, tem o aspecto quantitativo mais definido. Como exemplo, vamos supor que em razão da estratégia estabelecida, seja definido como um objetivo do Atacado São Jorge alcançar uma expansão no faturamento real de 30% nos próximos três anos. A meta poderia abranger somente os 12 meses do primeiro ano, e poderia estar definida em valores monetários para maior precisão.

A meta é a quantificação do objetivo. Se tenho como objetivo emagrecer até o peso ideal, poderei ter como meta atingir determinados pesos em prazos predeterminados.

– E quantos objetivos devemos ter?, perguntou João.

– Temos que ter poucos, esclareceu Dr. Carlos, e deverão ser bem definidos. É preciso tomar cuidado para não fazer como alguns políticos, que na campanha têm inúmeras prioridades e depois não conseguem atender nenhuma delas.

– Está certo, concordou José, não adianta querer abraçar o mundo. É preciso sabermos o que é mais importante para conseguirmos este ou aquele objetivo usando a meta, que é uma quantificação, para sabermos se estamos chegando lá.

João, fazendo um ar de quem não concorda muito, mencionou:

– Desculpe, nesse caso o objetivo pode não ser direto, mas sempre está ligado à empresa dar mais dinheiro.

– De certa forma você está certo, respondeu o consultor, pois teoricamente toda empresa procura maximizar o capital dos acionistas, ou seja, fazer com que os donos da empresa ganhem mais por aquilo que empregaram. Mas, muitas vezes, existem objetivos pessoais ou responsabilidades dos dirigentes que podem desviar o objetivo da empresa para algo que não seja econômico.

– É o caso da nossa fazenda, complementou o Sr. José. Quando a compramos, nosso objetivo era só ganhar dinheiro, então plantamos, tivemos gado etc., mas depois, como o lugar é muito bonito, começamos a usar também para lazer. Aí, com a patroa e as noras indo lá, começaram a ver que faltava escola, atendimento médico etc. Inclusive contratamos mais pessoas e um caseiro responsável por cuidar dessa parte de estrutura e lazer. Hoje, a fazenda quase não tem dado lucro, mas estamos contentes, pois está atendendo a um objetivo individual nosso de lazer, e estamos atendendo a uma responsabilidade de melhorar a vida do pessoal de lá.

– Como foi a mudança na organização da fazenda, Sr. José?, perguntou o consultor.

– Já havia um gestor responsável pelos negócios da fazenda, Sr. Carlos, respondeu o Sr. José. Ele se reporta para mim e tem a sua equipe que trabalha na produção. Ele tem autoridade sobre seus funcionários, e é responsável pelos resultados dos negócios. Em razão do novo papel que determinamos para a fazenda, temos também o caseiro que cuida da parte de estrutura e lazer. Ele se reporta para minha esposa, e dentro do orçamento estabelecido, tem autonomia para realizar os gastos necessários para manter o ambiente e a estrutura de que precisamos.

– Excelente, Sr. José, o senhor ajustou sua estrutura organizacional à sua nova estratégia. Muitas organizações definem a estratégia a partir da estrutura já existente, o que é um erro. As organizações devem ter claro qual caminho pretendem seguir, e a partir dessa decisão, estabelecer a estrutura que melhor atenderá à estratégia. A estrutura organizacional adequada é um importante passo para a implementação da estratégia.

Em seguida o Sr. José e seus filhos passaram a discutir como eles fariam para introduzir a técnica administrativa do planejamento estratégico no Atacado São Jorge. Ficou decidido que, em uma próxima reunião, eles ainda conversariam sobre as etapas para a realização do planejamento estratégico, e, depois de estabelecida uma sequência, ela seria seguida etapa por etapa.

Parte Teórica

Planejamento Estratégico é uma técnica administrativa que, por meio da análise do ambiente de uma organização, cria a consciência das suas oportunidades e ameaças, pontos fortes e fracos para o cumprimento de sua missão e vocação e, por meio dessa consciência, estabelece o propósito de direção que a organização deverá seguir para aproveitar as oportunidades e evitar riscos.

Missão é o papel que desempenha a organização (utilidade).

Vocação é a facilidade e o gosto que uma pessoa tem para desenvolver uma atividade.

A Visão não é somente um grande objetivo, mas um desafio e deve, também, indicar como atingi-lo. Em uma organização em que as pessoas têm a visão estratégica, não é necessário que se determine tudo o que elas devem fazer, pois a visão orienta as ações.

Competências são qualificações que uma pessoa deve ter para exercer uma função com bom desempenho.

Competências gerenciais são conjuntos de conhecimentos, habilidades, atitudes e experiências necessárias para que um gestor realize suas atividades com sucesso. Uma característica importante desse conceito é sua relação com o desempenho da organização, sua capacidade de posicionar-se estrategicamente e produzir resultados com eficácia. Assim, as competências gerenciais devem estar alinhadas com a missão, os valores e a visão estratégica da organização.

Quadro 2.1 Comparativo de técnicas de planejamento.

Técnicas Administrativas	Planejamento Operacional	Planejamento Tático	Planejamento de Longo Prazo	Planejamento Estratégico	Administração Estratégica
Conceituação	Planejamento de curto prazo envolvendo decisões operacionais. O plano é predominantemente quantitativo	Planejamento de curto prazo envolvendo decisões administrativas, como o orçamento. O plano ainda é predominantemente quantitativo	Extrapolação do Orçamento para um prazo longo, com base no pressuposto de que não haverá alterações ambientais e de rumo da organização. Ainda é predominantemente quantitativo	É um planejamento da direção que a empresa deve seguir, envolvendo decisões estratégicas. O planejamento é predominantemente qualitativo	É a capacitação da organização, de forma a permitir que as decisões administrativas e operacionais estejam de acordo com as decisões estratégicas. Possibilita planejar, organizar, dirigir e controlar os níveis estratégico, administrativo e operacional da organização
Relacionamento	É o plano de ação final, que orienta o dia a dia da organização, concretizando os planos dos outros níveis	Serve de instrumento para implementação do Plano Estratégico, integrando o plano estratégico ao operacional	É o orçamento feito para um prazo mais longo	É um planejamento de prazo longo, mas voltado para ideias	Integração dos planejamentos de longo prazo, estratégico e orçamento
Utilidade	Planejar as decisões operacionais, procurando dar maior eficiência ao processo (fazer bem feito)	Planejar as decisões administrativas procurando fazer a ligação entre a estratégia e as operações	Verificar a tendência do que existe hoje. Facilita o planejamento estratégico e outros orçamentos	Procurar a eficácia da organização (fazer aquilo que deve ser feito)	Harmonizar a procura tanto da eficiência como da eficácia da organização

O ambiente de uma organização é tudo aquilo que influencia em seus negócios e que a empresa não consegue alterar.

Stakeholders são indivíduos ou grupos de interesse que podem ser afetados pelas ações da empresa e que possam afetar os resultados da empresa com suas ações.

Planejamento Tático, como o orçamento, é um planejamento de curto prazo, predominantemente quantitativo, que abrange decisões administrativas e operacionais, visando à eficiência da organização.

Planejamento de Longo Prazo é a extrapolação do planejamento tático para um período mais longo, sem levar em conta variações ambientais e de direção da empresa.

Administração Estratégica é o processo de tornar a organização capaz (capacitação) por meio não somente do planejar, mas também de organizar dirigir e controlar, levando a integrar as decisões administrativas e operacionais com as estratégicas, procurando dar ao mesmo tempo maior eficiência e eficácia à organização.

Objetivos são aspectos concretos que a organização deverá alcançar para seguir a estratégia estabelecida.

Metas são segmentações dos objetivos para um período mais curto, tendo tanto seu aspecto quantitativo quanto o detalhamento de suas especificações mais precisos do que o objetivo.

Valores da organização são crenças, condutas e prioridades pré-determinadas que devem orientar as ações dos gestores e funcionários.

Políticas são regras de decisão repetitivas com base na estratégia estabelecida.

Estrutura Organizacional é a forma de organizar os sistemas de responsabilidade, autoridade e comunicação dentro da organização.

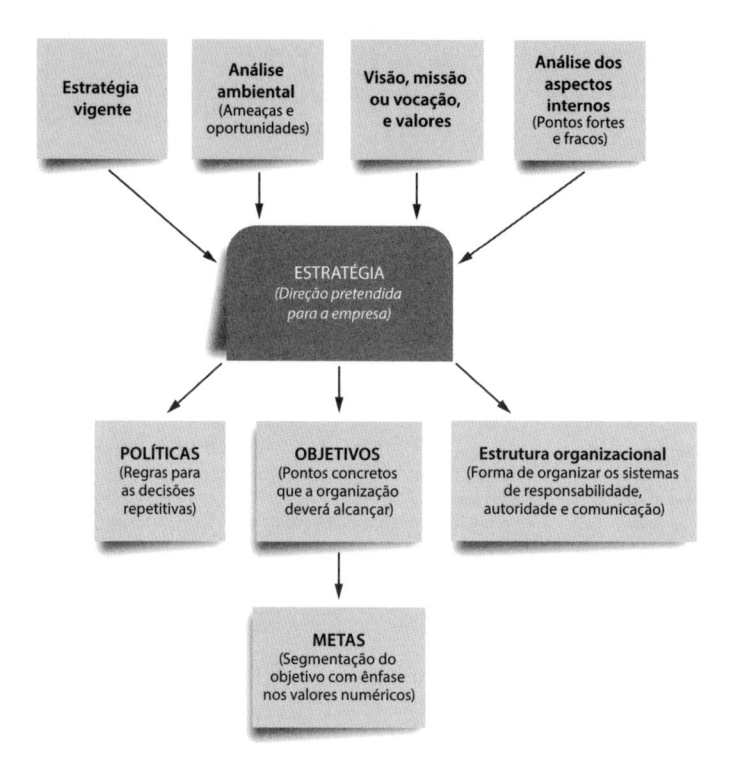

Figura 2.1 Relacionamento da estratégia na organização.

Questões

1. *Qual é a diferença entre plano e planejamento?*

2. *Qual é a relação entre os planejamentos tático, de longo prazo, estratégico e administração estratégica?*

3. *Qual é o papel da administração estratégica na organização?*

4. *Qual é a diferença entre objetivo, estratégia e meta?*

5. *O que é o ambiente de uma organização?*

6. *O que são valores da organização? Por que é importante explicitá-los?*

7. *A política é independente da estratégia? Por quê?*

8. *Por que a missão de uma organização interfere na estratégia?*

9. *Por que as organizações devem definir a visão?*

10. *Quais características a visão da organização deve ter?*

11. *O que é necessário para desenvolver competências gerenciais? É possível desenvolvê-las unicamente conhecendo técnicas e ferramentas?*

12. *Qual é a relação entre as competências gerenciais e o desempenho da organização?*

13. *Explique o que é a técnica de planejamento estratégico.*

14. *Quem são os* stakeholders *da organização? Exemplifique.*

15. *Qual é o conceito que pode substituir a Missão em pequenas empresas? Justifique.*

16. *O que deve vir antes: a estrutura organizacional ou a estratégia? Por quê?*

Etapas do Planejamento Estratégico: formulação, implementação e acompanhamento

3

Conforme acertado na última reunião, Dr. Carlos, o proprietário e seus filhos ficaram de se reunir para conversar sobre as etapas de realização do plano estratégico.

A reunião começou com uma pequena exposição do consultor, explicando que é muito difícil dividir em etapas as atividades de realização do plano estratégico, pois estas poderão ser distintas de uma organização para outra, e as atividades muitas vezes são revistas em razão de novas ideias.

– De qualquer forma, comentou o Dr. Carlos, é importante uma segmentação das atividades, não só para facilitar o entendimento do processo, mas também para permitir a realização do plano estratégico dentro de um cronograma.

– É muito importante colocarmos estas atividades em um cronograma, ponderou José, porque senão ficaremos só na discussão e não colocaremos nada em prática. E dirigindo-se ao consultor:

– Você poderia mostrar a sequência de etapas para realização do plano estratégico?

– É claro, respondeu o Dr. Carlos, mostrando os quadros *Etapas do Planejamento Estratégico: Formulação* e *Etapas do Planejamento Estratégico: Implementação e Acompanhamento*.[1] Esses quadros, explicou, formam uma sequência de etapas as quais adoto, e que são uma síntese minha de ideias de alguns autores. Não tenho, portanto, a pretensão de considerar essa sequência única, nem de dar a entender que foram criadas por mim.

– Conhecemos sua honestidade profissional, interveio o Antônio, mas vamos à explicação dos quadros.

---

[1] Adaptado de ALMEIDA, Martinho I. R. *Manual do Planejamento Estratégico*. São Paulo: Atlas, 2010.

– Conforme mencionado no título dos quadros, continuou o Dr. Carlos, essa sequência de etapas não é somente do plano estratégico, pois envolve a implementação e acompanhamento do plano (Figura 3.1), e sabemos que precisarão ter seu reinício, mostrando que a atividade de planejamento é contínua.

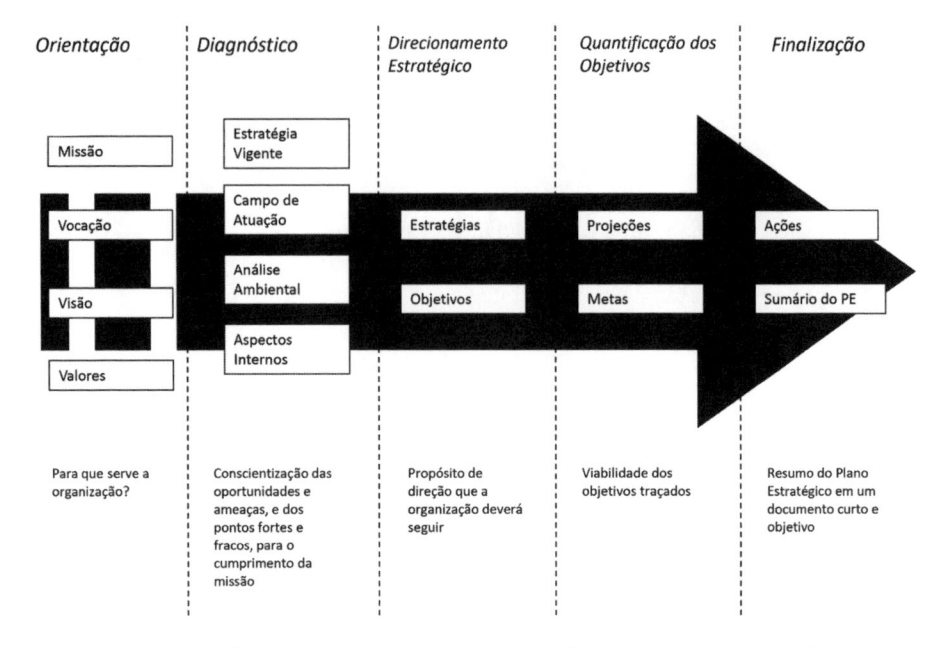

Figura 3.1 Etapas de planejamento estratégico: implementação e acompanhamento.

– O senhor poderia explicar-nos melhor o que seria implementação? – pediu João.

– A implementação é o processo de pôr em prática o plano, ou seja, fazer acontecer aquilo que foi pensado no plano, e no processo de implementar o Plano, temos que capacitar a organização para atender à Estratégia, explicou o consultor.

– Então, disse o proprietário, você está administrando a realização do Plano Estratégico.

– Na verdade, estamos completando aquilo que chamamos de Administração Estratégica, que envolve Planejar, Organizar, Dirigir e Controlar as atividades no nível estratégico, mencionou o consultor. Na implementação, estamos Organizando, por meio da estruturação da empresa, possibilitando que as decisões estratégicas sejam tomadas adequadamente com Treinamento, Direção e Controle (Figura 3.2).

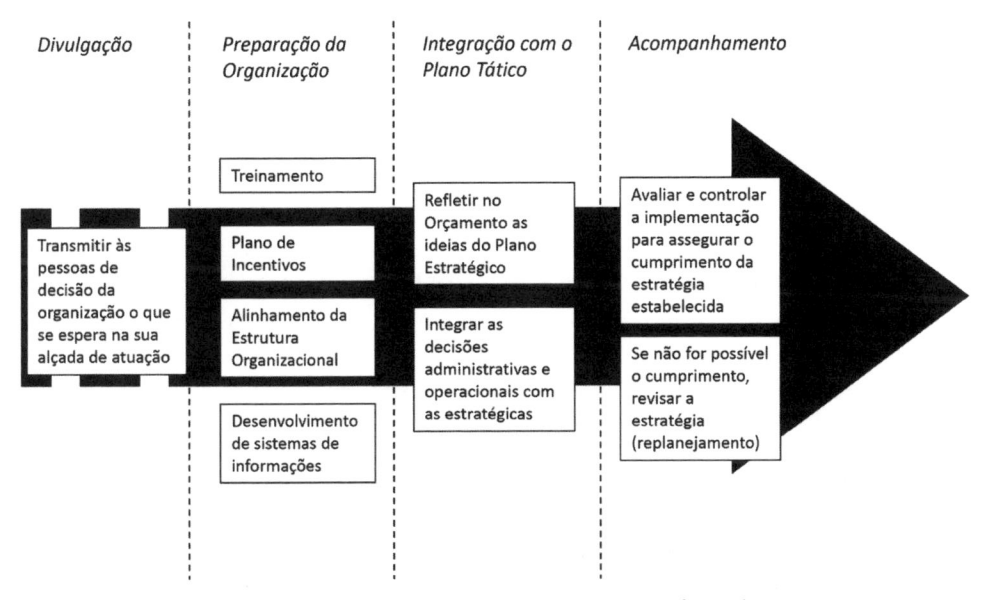

Figura 3.2 Etapas do planejamento estratégico: formulação.

– Mas como o plano estratégico tem normalmente um horizonte de vários anos, perguntou o João, isso significa que, se fizermos um plano estratégico este ano, levaremos vários anos para implementá-lo?

– Não, respondeu o Dr. Carlos. O horizonte de um plano estratégico costuma ser para a maioria das atividades de vários anos, mas isso não implica que este plano não possa ser refeito todos os anos. Nós temos de enxergar longe para podermos agir corretamente no curto prazo.

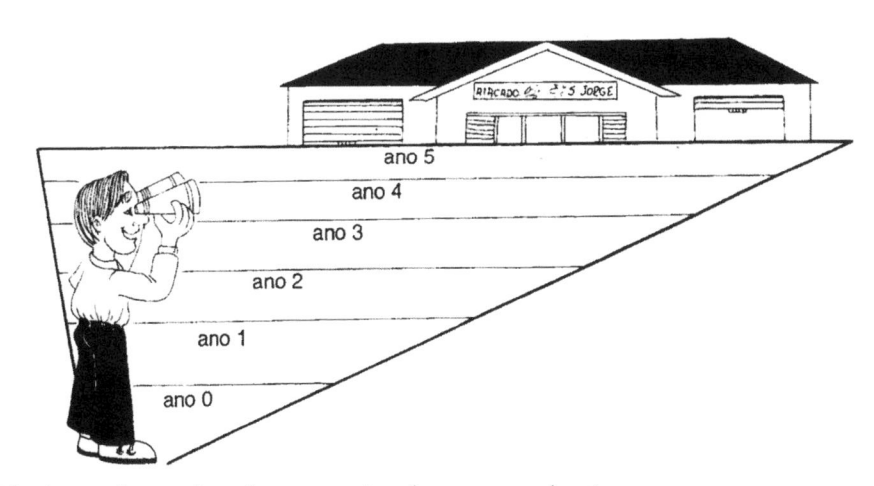

O horizonte de um plano é o prazo até onde queremos planejar.

– É como uma viagem de férias, explicou José. Você sai de São Paulo imaginando ir até Salvador, com determinadas paradas. No primeiro dia, vai até o Rio de Janeiro; chegando lá, não encontra um hotel e é forçado a dormir em Niterói. No dia seguinte, você pondera sobre a falta de hotéis nas férias e lembra de um amigo que tem casa em Cabo Frio e lhe convidou para passar uns dias com ele. Assim, muda seu objetivo de ir até Salvador para ir somente até Vitória e passar alguns dias na casa do amigo.

– Foram as condições ambientais que mudaram o plano de sua viagem, brincou o João.

– Exato, respondeu José. E é a mesma coisa que acontece com um plano de uma empresa. As circunstâncias muitas vezes nos obrigam a mudar de caminho e de objetivo a alcançar.

– Voltando ao quadro de formulação do Plano Estratégico, comentou o Dr. Carlos, vemos que as três primeiras etapas formam uma autorreflexão da empresa, feita por seus dirigentes. Nessas etapas, reflete-se basicamente sobre a estratégia ou caminho que a organização vem seguindo, as influências futuras que o ambiente trará, quais são os pontos fortes e fracos atuais dos Aspectos Internos, qual é a finalidade da organização, ou seja, qual é a sua Missão para as organizações maiores ou qual é a Vocação para as empresas menores, nas quais a pessoa do empresário e da empresa praticamente se confundem, e seus valores.

– Voltando ao quadro de formulação do Plano Estratégico, comentou o Dr. Carlos, vemos que as três primeiras etapas formam uma autorreflexão da empresa feita por seus dirigentes. Na primeira etapa, a direção reflete sobre para que serve a organização, desde a sua missão ou vocação, visão e valores.

Na segunda etapa, os dirigentes fazem um diagnóstico de como vai a empresa. Avaliam quais estratégias vêm seguindo, buscando-se a conscientização dos pontos fortes e fracos (aspectos internos), oportunidades e ameaças (análise ambiental) e se a organização está em sintonia com a sua orientação (campo de atuação).

Na terceira etapa, os dirigentes estabelecem o propósito de direção que a organização deverá seguir, com suas estratégias e objetivos.

– E onde entra o trabalho do coordenador do plano estratégico?, questionou João.

– Bem, Dr. Carlos responde, seu trabalho começa desde o levantamento das informações para a realização das três primeiras etapas do Planejamento Estratégico. Em seguida, será necessário que você quantifique os objetivos estabelecidos, para verificar a viabilidade do que foi traçado. E, na última etapa, você deverá fazer um resumo do Plano Estratégico, em um documento curto e objetivo, onde aparecerão as ações e o Sumário de PE. Esse documento deverá ser submetido à aprovação dos demais membros da direção do Atacado São Jorge.

João, olhando o Quadro *Etapas da administração estratégica: formulação e implementação*, perguntou:

– Se eu estiver na fase de Finalização, posso eventualmente voltar para a fase de diagnóstico se, por exemplo, houver uma mudança no ambiente organizacional?

– Sim, mencionou o Dr. Carlos. As etapas na verdade seguem a sequência estabelecida, mas é normal que em algumas etapas surjam ideias complementares, que devem retornar às etapas anteriores.

O Plano de uma empresa é para servir a esta e não o inverso. Existem empresas que às vezes insistem em querer "passar por uma ponte que caiu" só porque isso estava no plano.

José também comentou:

– O planejamento estratégico é uma técnica administrativa que tem de servir para a empresa. Nesse sentido, se surgir uma ideia nova ou um acontecimento qualquer que atrapalhe nossos planos, estes têm de ser refeitos. Porque, caso contrário, estaríamos mais preocupados com o plano do que com o resultado dele.

– O senhor tem razão, ponderou o consultor, e diria até que, se acontecer um fato realmente significativo, talvez seja necessário recomeçar o plano, mesmo que ele já esteja nas etapas de implementação. No caso da elaboração do plano, a discussão das ideias está mais presente, devido à necessidade de harmonizar o plano e, dessa forma, é necessário que não se feche a oportunidade de explorar novas ideias, até mesmo quando estivermos redigindo o documento final.

– Mas dessa forma não terminaremos o plano nunca, ponderou João.

– Para que não fique um plano interminável é necessário estabelecer uma data limite bastante rígida para terminar o plano estratégico, respondeu o Dr. Carlos. E isso é particularmente importante para o Atacado São Jorge, que, por ser uma empresa familiar, tem mais facilidade para alterar os prazos.

– E essa data tem alguma relação com a data do orçamento?, questionou João.

– Sim, respondeu o Dr. Carlos, pois para a realização do orçamento é necessário o plano estratégico. Assim, por exemplo, como o orçamento anual do Atacado São Jorge é realizado nos meses de novembro e dezembro, seria interessante determinarmos como fim de outubro a data-limite para terminarmos o plano estratégico.

José, que é bastante prático, animou-se com o estabelecimento da data-limite, e disse:

– Agora vamos estabelecer um cronograma, e começaremos a trabalhar no plano amanhã.

– É preciso ter um pouco de calma, ponderou o consultor, pois o cronograma também deverá definir quem será responsável por cada tarefa. Isto para que não fiquem todos num mesmo trabalho e deixem os outros sem o que fazer. Um ponto importante é definirmos quem será o coordenador do planejamento estratégico.

– Dr. Carlos, pode explicar melhor o que faria o coordenador do planejamento estratégico?, perguntou João.

– Em empresas maiores existem pessoas ou até equipes para coordenar o planejamento estratégico, mas no caso do Atacado São Jorge bastaria que um de vocês assumisse a coordenação. Esse trabalho consiste basicamente em dividir o trabalho entre as áreas, acompanhar de forma crítica a realização das tarefas, e realizar os trabalhos que não são próprios de nenhuma área.

O coordenador de Planejamento Estratégico funciona também como um catalisador do processo, pois todas as ideias podem estar nas cabeças das pessoas, como em uma reação química onde os diferentes elementos químicos podem estar juntos, mas é necessário que apareça um catalisador para a reação química acontecer.

Depois de alguma discussão entre o pai e os filhos, acharam melhor que João assumisse a coordenação, pois, por já cuidar da parte administrativa, esse trabalho completaria os que já fazia.

A reunião seguinte para elaborar o cronograma aconteceu somente entre Dr. Carlos e João. João trouxe o cronograma proposto, com os responsáveis definidos.

O consultor explicou que ainda neste primeiro plano estratégico ele mesmo coordenaria muitas das atividades, mas que, a partir do próximo plano, seria João que coordenaria todas as atividades, cabendo a ele apenas resolver dúvidas e verificar, de tempos em tempos, se o trabalho está seguindo o caminho certo.

Para essa reunião, o Dr. Carlos selecionou as atividades que lhe pareceram mais adequadas para cada etapa do planejamento estratégico do Atacado São Jorge. O consultor explicou que as atividades de um planejamento estratégico podem variar de uma organização para outra, como de um plano para outro em uma mesma empresa.

Diante desse comentário, João ficou um pouco confuso e perguntou:

– Quer dizer que a escolha das atividades vai de acordo com o gosto do freguês?

– Não é bem assim, explicou Dr. Carlos, pois para a realização de PE as etapas são basicamente as mesmas, seja para uma Volkswagen, seja para o Atacado São Jorge. E claro que para uma Volkswagen, além da complexidade das áreas, existe o fato de ser uma indústria, que tem algumas particularidades, como também seria diferente para um banco, por exemplo.

– Quer dizer, continuou a perguntar João, que em uma empresa maior as atividades são mais subdivididas, e cada ramo de negócios terá suas próprias atividades?

– Exato, respondeu Dr. Carlos. Para o Atacado São Jorge, por exemplo, para projetar seu lucro será necessário estimar o custo e a margem por tipo de tecido. Outros setores teriam suas particularidades.

As atividades a serem realizadas em um plano estratégico deverão ser adequadas à empresa, para que não se tornem um peso para a organização.

A conversa iria longe se Dr. Carlos não mostrasse a relação de atividades com uma rápida descrição (Anexo 1). Após João examinar a descrição das atividades, os dois, em comum acordo, elaboraram o cronograma de atividades.

Quando iniciaram a montagem do cronograma, o consultor explicou que este, por ter número restrito de atividades, poderia ser montado rapidamente. Mas que, para uma grande organização em que existem muitas pessoas envolvidas e as tarefas são mais detalhadas, é aconselhável o uso de um *software* específico, a fim de facilitar a realização do cronograma, otimizando o uso do tempo.

Na montagem do cronograma foi levado em conta a época de realização do orçamento e as atividades foram definidas do fim para o começo.

Foram definidas também as responsabilidades por coordenação, execução e aprovação das atividades. Dr. Carlos explicou que no PE de uma empresa como o Atacado São Jorge essas responsabilidades muitas vezes se confundem devido ao pequeno número de pessoas envolvidas no processo. No caso desse primeiro plano estratégico, Dr. Carlos explicou ainda que ele teria de coordenar praticamente todas as atividades para poder ensiná-los, mas que gostaria que fosse mencionado como de sua coordenação somente aquelas que teriam de receber uma participação efetiva na atividade.

– Por exemplo, o cronograma de mudanças. A responsabilidade de execução será sua e do Antônio, a aprovação será do Sr. José, e eu farei a coordenação.

Terminada a montagem do cronograma do PE, João disse que mostraria para seu pai e seu irmão, e que no prazo estabelecido iriam iniciar a realização.

É preciso que as atividades sejam bem definidas, e também quem e quando irá realizá-las.

Anexo 1 – Relação de atividades

Etapa	Atividade	Descrição da atividade
Orientação	Definição da Missão da Empresa	Para que serve o Atacado São Jorge?
	Definição da Vocação da Empresa	Vocação é a facilidade e o gosto de realizar alguma atividade Principalmente nas pequenas empresas, a Vocação do empresário, se confunde com a empresa
	Definição da Visão da Empresa	Qual desafio o Atacado São Jorge buscará para seu futuro?
	Definição dos Valores da Empresa	Identificar as condutas e prioridades que orientarão as ações dos gestores e funcionários

Etapa	Atividade	Descrição da atividade
Diagnóstico: Avaliação da Estratégia Vigente	*Performance* dos Produtos	Quadro de vendas dos últimos anos, por unidade, valor corrigido Lucratividade dos produtos
	Projeção de Vendas Históricas	Com base nas vendas históricas, projetar os volumes que serão vendidos e sua lucratividade. Possível utilização de planejamento de longo prazo
	Projeção de Lucratividade	Projeção de lucros com base nos dados históricos
	Reunião de Avaliação da Estratégia Vigente	Qual é o caminho que a organização vem seguindo? A organização vem mudando de estratégia? As mudanças de estratégias tiveram alterações no comportamento das vendas e dos lucros?
Avaliação do Campo de Atuação	Definição do Campo de Atuação	Quais são os principais segmentos do mercado em que o Atacado São Jorge vem atuando? Os segmentos podem determinar unidades de negócios que deverão ser analisados de forma independente
	Determinação das atividades que poderão ser ampliadas ou eliminadas de seu campo de atuação	Determinar os pontos em que a atuação da empresa excede à Vocação/Missão, ou o inverso, que é a determinação do campo que a empresa poderá atuar para atender a sua vocação/missão
Avaliação do Ambiente Macroambiente Clima	Perspectiva da Economia e da Política	Com base em documentos publicados, opiniões de especialistas e opiniões próprias, estabelecer uma previsão se a economia e a política favorecerão os segmentos de mercado em que a empresa atua
Avaliação do Ambiente Macroambiente Solo	Análise da população e suas características	Teoricamente, qual será o consumo que deverá existir dos produtos no futuro? No caso do Atacado São Jorge, seriam os metros de tecido que os brasileiros deverão consumir, de cada tipo de tecido no futuro
Avaliação do Ambiente Operacional	Analise do inter-relacionamento da Concorrência, Fornecedores, Clientes intermediários, dentro da tecnologia e costumes que existirão no futuro	Como serão realizados os negócios no futuro? Como será o relacionamento com os fornecedores, e clientes em razão das mudanças de tecnologia, e costumes?
Avaliação do Ambiente Interno	Analise das aspirações dos Funcionários e Acionistas	O que a organização pode oferecer às pessoas que nela trabalham e às que são proprietárias? As aspirações devem ser pontos concretos e não vagos
Avaliação dos Aspectos Internos	Análise dos aspectos organizacionais relevantes	É uma analise voltada para a comparação atual com os concorrentes dos aspectos relevantes (fatores críticos de sucesso), que esta pode alterar
Direcionamento Estratégico: Estabelecimento das Estratégias	Reunião para estabelecer as premissas do plano estratégico	Nesta reunião (ou reuniões) são propostos os objetivos e os caminhos (estratégias) para alcançá-los. Para chegar a estas propostas são levados em conta as analises anteriores de: estratégia vigente, ambiente da organização, aspectos internos e a comparação da missão/vocação com o campo de atuação

Etapa	Atividade	Descrição da atividade
Quantificação dos Objetivos	São realizadas projeções financeiras, com base nos objetivos propostos	São realizadas projeções de demonstração de resultados, e balanço projetado, de forma a possibilitar verificar a viabilidade dos objetivos propostos
	Reunião de Confronto dos Objetivos e dos Resultados Projetados	Ao confrontar os objetivos com os resultados financeiros projetados, poderemos concluir que, em alguns casos, o caminho seguido (estratégia) não está certo, ou que o objetivo não é viável. Nesses casos, é necessário repensar os objetivos ou estratégias que não estão de acordo, e refazer a projeção dos demonstrativos financeiros
Finalização	Preparação do Sumário	O sumário é um documento bastante curto, por exemplo, de duas folhas, onde são descritas as estratégias. Na redação do sumário também podem aparecer dúvidas ou incoerências que exijam revisões de etapas anteriores
Divulgação	Transmissão da Estratégia aos Envolvidos	As estratégias gerais não podem deixar de ser transmitidas a todos os funcionários que tomam decisões na empresa, mas as específicas deverão ser informadas apenas àqueles que estejam diretamente ligados àquela atividade
Preparação da Organização	Capacitação da Organização Avaliação da Estrutura e Sistema Administrativo, propondo planos de treinamento e incentivos	Depois de estabelecido o caminho (estratégia) que a organização deverá seguir, é necessário verificar o que precisa ser alterado na estrutura e no sistema administrativo da empresa, e na capacidade requerida dos funcionários que precisarão ser treinados e incentivados para seguir a estratégia estabelecida
Integração com o Plano Tático	Comparação do plano estratégico com as premissas do orçamento	Para que o orçamento reflita a estratégia estabelecida, é necessário que, antes de começar o processo orçamentário sejam elaboradas algumas premissas, por exemplo: aumentar as vendas de um produto e reduzir em outro
		Ao terminar o orçamento, é necessário que seja feita uma análise para verificar se existe algum ponto em desacordo do PE com o orçamento
Acompanhamento do processo de implementação e de mudanças ambientais	Avaliar e controlar o processo de implementação e de mudanças ambientais	É necessário um controle do cronograma das mudanças de estrutura e do sistema administrativo. Esse controle deverá ser permanente, sendo alterado apenas quando houver nova estratégia a ser seguida
		É necessário também que a empresa esteja permanentemente em sintonia com as mudanças ocorrendo no ambiente e que poderão determinar a necessidade de se refazer o plano estratégico

Parte Teórica

A divisão das atividades do planejamento estratégico e sua implementação em etapas tem sua importância didática para o entendimento do processo e para facilitar a realização e o acompanhamento do cronograma.

A sequência de etapas não é algo rígido, variando tanto entre autores como entre organizações.

A sequência apresentada inclui tanto o processo de realizar o plano como de implementá-lo, ou seja, colocá-lo na prática.

O conjunto das atividades de realizar o Plano e de implementá-lo completa o que se chama de Administração Estratégica, ou seja, Planejar, Organizar, Dirigir e Controlar em nível estratégico.

Embora o plano estratégico seja feito com um horizonte grande de tempo, ele pode ser refeito todos os anos para incluir as alterações que acontecerem, seja no ambiente, seja nos aspectos internos.

Na etapa de avaliação da estratégia vigente, reflete-se sobre o caminho que a organização vem seguindo, e sua função. Essa etapa é fundamental para as organizações que estejam fazendo o plano estratégico pela primeira vez.

A etapa de Avaliação do Ambiente procura conhecer as influências futuras que o ambiente da organização trará para ela, ou seja, oportunidades e ameaças.

Na etapa da Avaliação dos Aspectos Internos, procura-se identificar os pontos fortes e fracos atuais da empresa.

Na comparação da Missão (para empresas maiores) e Vocação (para empresas menores) com o Campo de Atuação são identificadas a distorções entre aquilo que se pretende e o que realmente ocorre.

As etapas de um plano são flexíveis, de forma que sempre haverá a possibilidade de serem revistas. Para que as revisões não tornem o plano inacabável, é preciso estabelecer uma data-limite. Esta data normalmente coincide com o início do orçamento.

O coordenador de planejamento estratégico tem a função de ser o catalisador e o facilitador do processo de realização do planejamento. Para a coordenação do planejamento, será necessário elaborar um cronograma das atividades.

As atividades de um plano estratégico variam conforme o tipo e o tamanho da organização. Nas organizações maiores, as atividades são mais subdivididas, pois as pessoas têm uma especialização maior em razão da divisão das funções.

Para a montagem do cronograma de um plano estratégico, leva-se em conta a data de início da realização do orçamento.

No cronograma de atividades, é importante que seja definido quem as executa, coordena e aprova. Em uma pequena empresa, é possível que as responsabilidades se sobreponham, devido ao pequeno número de pessoas que tomam as decisões na empresa.

Questões

1. *Por que as etapas do planejamento estratégico não são iguais para todas as organizações?*

2. *O que é a implementação de um plano?*

3. *Por que o horizonte de um plano é de vários anos, se ele é revisto todo ano?*

4. *O que caracteriza as quatro primeiras etapas da elaboração do plano estratégico?*

5. *O prazo para a realização de um plano estratégico tem de ser inflexível. Até que ponto isto é verdadeiro? Explique.*

6. *Qual é a data-limite para terminar o plano estratégico?*

7. *Qual é a função do coordenador de planejamento estratégico?*

8. *As etapas e as atividades de um PE variam de uma organização para outra? Justifique.*

9. *Na realização do cronograma de um PE precisamos levar em conta o início da realização do orçamento? Por quê?*

10. *O que é campo de atuação de uma empresa?*

11. *O que é a missão de uma organização?*

12. *O que é realizado na reunião de Brainstorm?*

13. *O plano estratégico deve ser divulgado ou é sigiloso? Explique.*

14. *Por que devemos estabelecer indicadores para acompanhar resultados?*

15. *Quais as consequências de o campo de atuação não estar alinhado à missão da organização?*

Avaliação da Estratégia Vigente

4

No prazo para o início das atividades, o Dr. Carlos procurou o proprietário e seus filhos para começarem a elaborar o Plano Estratégico.

Antônio e João já haviam separado todo o material disponível sobre as compras e as vendas dos últimos cinco anos. Explicaram que guardavam somente as informações de cinco anos passados, porque esse é o prazo para uma eventual fiscalização. Na verdade, os dois irmãos estavam um pouco perdidos com tanto material, e sem saber bem aonde chegar.

O consultor procurou tranquilizá-los, dizendo que, antes de mais nada, é necessária uma definição clara do que queremos fazer, e então planejamos como iremos fazer. Dr. Carlos explicou:

– Dentro da etapa de avaliação da estratégia vigente, o que queremos é identificar qual é o caminho que a empresa vem seguindo para dar uma continuidade àquilo que vem sendo feito. As duas primeiras atividades que escolhemos para começar são a *Performance* dos Produtos e a Definição do Campo de Atuação. Teremos de agrupar os clientes em grupos semelhantes e depois relacionar os dados de vendas para cada grupo de clientes.

– Não acharia mais fácil a classificação por tipo de tecido?, argumentou o Antônio.

– Não acredito que seja o correto, interferiu José, pois um mesmo tecido tem preços diferentes se vendermos para uma confecção, um alfaiate ou um varejista. Depois, o tecido pode sair da praça, mas o cliente não.

– O senhor está certo, comentou Dr. Carlos, e o importante é que, quando vocês forem discutir a estratégia da empresa, existirão diferenças próprias de cada segmento, que poderá implicar o interesse de dirigir mais os esforços para um ou outro segmento.

– Concordo, disse Antônio, mesmo porque o vendedor que atende a uma alfaiataria precisa ter conhecimentos diferentes daquele que atende a uma confecção.

– Dessa forma, ponderou o João, se optarmos por atender mais aos alfaiates, teremos de reformular a estrutura dos vendedores.

– Exato, concordou o consultor. É por esse motivo que dizemos que a estrutura de uma organização é alterada em razão de mudanças em sua estratégia.

Na discussão que se seguiu, ficou claro que os principais segmentos eram aqueles já mencionados pelo proprietário: confecção, alfaiataria e varejista, mas apareceram algumas dúvidas, por exemplo, uma alfaiataria muito grande, que recebia as mesmas condições de vendas de uma confecção. Nesse caso, decidiram classificá-la como confecção, pois chegaram à conclusão de que a segmentação dos clientes ocorre em razão de como eles compram do Atacado São Jorge, e não de como vendem para seus clientes.

A elaboração da *Performance* dos Produtos foi realizada pelo João com a ajuda de um assistente, seguindo os segmentos determinados.

Na semana seguinte, João convocou os outros três para discutirem seu trabalho. Nessa reunião, argumentou que a segmentação em três unidades de negócio deveria ser repensada, pois notou que existiam os tecidos importados, que só eram vendidos para algumas alfaiatarias e varejistas. Nesse segmento, João observou que os produtos tinham uma margem melhor, mas que tinham maior risco de ficarem encalhados, exigindo cuidado maior na compra.

Para analisarmos como é a atual estratégia de uma empresa, é preciso analisar como vem sendo o desempenho de seus produtos.

Dr. Carlos achou essa observação muito importante, mostrando a necessidade de inter-relacionar as atividades na realização do plano estratégico.

José comentou:

– Essa observação do João talvez explique por que nós não temos muito sucesso com os tecidos importados.

– É claro, continuou o Antônio, nós não temos em nossa equipe pessoas especializadas em tecidos importados. Esse talvez seja um bom campo para nos desenvolvermos.

Dr. Carlos interveio:

– Não vamos nos antecipar e querer já estabelecer a estratégia. O importante é concordarmos que o Atacado São Jorge vem atuando em quatro unidades de negócios, cujos mercados e estruturas de vendas e compras têm ou deveriam ter certa independência. Dessa forma, para a próxima reunião, João poderá terminar os quadros que compõem a *Performance* dos Produtos e Projeção de Vendas Históricas.

Dr. Carlos observou:

– Está certo que não deveremos estabelecer a estratégia, mas nesta etapa do plano estratégico nós teremos de visualizar a estratégia vigente a partir dos resultados que estamos analisando.

– Então devemos discutir somente a estratégia passada, ou seja, o caminho que o Atacado São Jorge vem seguindo? – perguntou Sr. José.

– Exato, respondeu Dr. Carlos.

– Podemos visualizar, argumentou João, que a estratégia que o Atacado São Jorge vinha seguindo, embora sem saber, era de atuar nos grandes clientes e dentre estes, principalmente as confecções que compram volumes altos de tecidos.

– Pode ter sido isso que aconteceu, comentou Antônio, pois a análise dos últimos cinco anos nos mostra esta tendência. Mas que medidas tomamos para que a empresa seguisse esta direção?

– Uma das medidas, mencionou José, foram os concursos que sempre premiaram por metragem de vendas, o que força o vendedor a procurar mais o cliente que compra volumes maiores, e que nem sempre são os mais lucrativos.

– Outro ponto, interveio Antônio, foram os investimentos dirigidos para incentivar as vendas de alta metragem, pois, se lembrarmos, os primeiros celulares e *notebooks* entregues aos vendedores foram para aqueles que vendiam maior volume, e não para os que deram maiores margens.

– Ainda ultimamente, mencionou João, estamos oferecendo carro da empresa para os vendedores que têm maior volume de venda. E isso está sendo encarado não somente como um instrumento de trabalho, mas também como um prêmio.

– É incrível, mencionou José, como forçamos a empresa a trabalhar em uma direção, e só hoje tomamos consciência disto.

– E essa estratégia, argumentou Antônio, levou a uma redução de lucro, não somente pelas baixas margens de vendas, mas também pelo custo dos depósitos que tivemos de construir para guardar o alto volume de tecidos.

Concordando, Dr. Carlos mencionou:

– Na direção de uma empresa, a diretoria tem alguns instrumentos para fazê-la trilhar o caminho que deseja. E entre todos eles, o que me parece de maior importância são os investimentos usados no Atacado São Jorge, principalmente para dirigir a empresa para grandes clientes.

– O custo da depreciação dos investimentos em armazéns, interveio João, está sendo lançado nos produtos por seu valor total, e não segundo a utilização da área em metros quadrados de estocagem.

– Isso mostra, ponderou Dr. Carlos, como uma apuração correta de custos é importante para visualizarmos os resultados e, consequentemente, a estratégia que estaremos seguindo.

José sugeriu que fosse antecipada a discussão sobre a missão do Atacado São Jorge. O consultor gostou da proposta do proprietário e mencionou que as datas e prazos estabelecidos no cronograma são referências que nos forçam a segui-las, mas que não devem ser encaradas como limites rígidos, mesmo porque as atividades têm seu limite de duração variável, sendo difícil de estabelecê-los com precisão.

– Um exemplo disso, continuou Dr. Carlos, é que para discutirmos melhor a missão, será necessário aprofundarmos a definição do campo de atuação do Atacado São Jorge.

– Quer dizer, argumentou João, que o campo de atuação não é constituído somente por aqueles quatro segmentos de mercado que definimos?

– Para o seu trabalho de elaborar a *performance* dos produtos, respondeu o consultor, são exatamente aqueles quatro segmentos, mas para discutir a missão do Atacado São Jorge é necessário que nos aprofundemos um pouco nesse assunto.

– Seria sua intenção estratificar mais os segmentos por tipo de tecido? – argumentou Antônio.

– Não, respondeu Dr. Carlos, a segmentação maior só teria sentido se descobríssemos outras unidades de negócios que tivessem certa independência. Foi o caso dos tecidos importados, como poderia ser o processo de produção em uma indústria ou mesmo região geográfica com características de mercado distintas, que exigissem estruturas diferentes, por exemplo, de compras, vendas, condições de pagamento etc. No caso, o que precisamos é definir melhor a natureza do campo de atuação, que está diretamente ligada à missão.

– É uma forma mais ampla de definir o campo de atuação?, perguntou o proprietário.

– Exato, respondeu o consultor, mas também servirá para limitarmos ou levantarmos novos campos para as propostas de estratégia.

– O senhor poderia dar um exemplo em outra empresa, solicitou o proprietário.

– Claro, respondeu o consultor. Uma empresa de transporte ferroviário poderá definir seu campo de atuação como setor de transporte. Dessa forma, poderá aprimorar seus serviços, entregando por caminhão a carga ao seu destino ou tendo ônibus que liguem a estação ao centro para maior comodidade dos passageiros.

– Mas, por outro lado, observou José, não terá sentido a empresa que escolheu atuar no setor de transporte adquirir uma financeira. Mesmo que seja um bom negócio.

Talvez nesse ponto valha a pena explorar a questão das atividades faltantes ou excedentes, que está apenas implícita.

– Certo, comentou Dr. Carlos. A definição do campo de atuação deverá ser feita de forma a descobrirmos a vocação desta empresa.

– Poderíamos ampliar nosso campo de atuação, comentou Antônio, conseguindo a representação de equipamentos para costura.

– Ou podemos montar nossa própria confecção, argumentou João.

– Antes de pensar no que vão fazer, interveio Dr. Carlos, é necessário pensar no campo de atuação que será determinado pela vocação da empresa, ou melhor, aquilo que vocês acham que é o motivo do sucesso da empresa.

O motivo do sucesso de uma empresa é que determinará sua missão, e é por meio desta que a empresa determinará seu campo de atuação.

José, que gosta das *coisas* bem esclarecidas, interveio:

– Antes, gostaria que o senhor esclarecesse melhor qual a diferença do campo de atuação que nós dividimos por unidades de negócio e a natureza do campo de atuação, que serve para definir a missão da empresa.

– Na verdade, começou a responder Dr. Carlos, o que chamamos de campo de atuação é o que o próprio nome diz, ou seja, onde a empresa está atuando ou poderá atuar. No caso da divisão por unidades de negócios, estaremos preocupando-nos com o que existe hoje ou no passado, sem excluir a possibilidade de segmentar em mais unidades de negócios o campo atual, como parece que vocês estão pensando em relação aos tecidos importados. Cada uma dessas unidades de negócio deverá ter autonomia administrativa para agilizar suas decisões. Por outro lado, quando pensamos na missão da empresa, o campo de atuação que procuramos não é necessariamente aquele que existe, mas também o que teria potencial para ser desenvolvido.

Assim, se aquela empresa ferroviária transporta passageiros e carga, ela poderá ter seu campo de atuação dividido nesses dois segmentos como unidades de negócios, mas sua missão poderia ser atuar no ramo de transporte, ou seja, a natureza de seu campo de atuação seria transporte e não revendedor de tecidos, por exemplo. Dessa forma, esta empresa poderia expandir-se para transporte de ônibus ou caminhão, como já mencionamos, ou até transporte aéreo, marítimo etc.

– Quer dizer, ponderou o proprietário, que podemos estar atuando em unidades de negócios que não são de nossa missão, ou seja, que não estejam dentro da natureza do nosso campo de atuação, e por isso teriam que ser eliminadas?

– Exatamente, respondeu o consultor, seria o exemplo da fazenda que vocês têm. Se ela fosse considerada somente um negócio, dificilmente poderia estar dentro da missão do Atacado São Jorge.

– Dr. Carlos, e essas grandes empresas que atuam em diversos mercados diferentes, perguntou João, não há um desalinhamento entre seu campo de atuação e missão?

– Vou lhe dar um exemplo, disse Dr. Carlos. Há muitos anos, eu venho prestando consultoria para uma grande empresária, a Sra. Sílvia. Ela começou com uma casa de câmbio, vendendo e comprando moeda estrangeira, que era sua vocação, o que ela gostava de fazer e com que sabia trabalhar. Depois criou um banco de investimentos, com a missão de facilitar exportações. Desse banco, começou a participar acionariamente de algumas empresas, que necessitavam de aporte financeiro, e ela muitas vezes passou a ser acionista para recuperar os valores emprestados. Hoje, a Sra. Sílvia tem um conglomerado que cresceu pela sinergia de seus negócios, e a natureza de seu campo de atuação deixou de ser somente financeiro e ampliou-se à medida que incorporou novas atividades. Atualmente, a visão da Sra. Sílvia se estende para uma operação no exterior, onde já atua no mercado financeiro, e agora pretende facilitar a exportação de produtos e serviços de seu conglomerado. Vemos nesse caso que a Sra. Sílvia começou a direcionar seu negócio pela sua vocação, depois passou a seguir a missão de seu banco e, agora, sua visão é que orienta a expansão do conglomerado.

– Então é a visão que está direcionando os negócios da Sra. Sílvia, perguntou Antônio.

– Sim, respondeu Dr. Carlos. Essa grande empreendedora tem visualizado importantes sinergias entre suas atividades na sua expansão, desde a criação do banco até agora, que começa a se estender para o exterior.

– Voltando à discussão da natureza do campo de atuação, retomou José, acredito que nosso negócio seja somente o comércio de tecidos no atacado.

– Se o campo de atuação do Atacado São Jorge é o comércio atacadista de tecidos, ponderou João, e sua missão é facilitar a ligação entre o fabricante e o cliente, como foi conversado em uma reunião anterior, nós não poderemos expandir-nos com a venda de equipamentos para costura ou a criação de uma confecção própria.

– Se essa realmente for a ideia aprovada, considerou Dr. Carlos, qualquer expansão fora do comércio de tecidos atacadistas será incoerente.

– Quer dizer, indagou Antônio, que podemos esquecer as nossas ideias de expansão?

– Não é bem isso, voltou o consultor, o que não pode é haver falta de coerência entre o campo de atuação, a missão e a estratégia estabelecida. Isso não quer dizer que as definições que vocês mesmos deram não possam ser alteradas neste plano estratégico ou em outros.

– E quanto à vocação do atacado São Jorge, perguntou Antonio.

– A vocação de uma empresa é um conceito usado principalmente nas pequenas empresas, pois nesses casos a empresa e o empresário geralmente se confundem, comentou Dr. Carlos.

– Vocação para mim, disse o João, é aquilo que temos facilidade e gosto de fazer.

– Exato, concordou Dr. Carlos, e as pequenas empresas acabam tendo como vocação aquilo que o empresário, ou empresários, gostam e têm facilidade de fazer. Até em grandes organizações, em que muitas vezes as unidades de negócios também fazem o exercício de planejamento estratégico, a vocação do responsável poderá influenciar no planejamento da unidade.

– Em nosso caso, ponderou o proprietário, eu gosto e tenho mais facilidade de vender tecidos finos, onde meu conhecimento é valorizado, e acredito que passei esse gosto também para os meus filhos.

– E a ideia de Visão?, perguntou o Antonio.

– A Visão é um desafio que se quer alcançar, respondeu Dr. Carlos.

– Queremos ser líderes nacionais na venda de tecidos, argumentou Antonio.

– Sim, ponderou o consultor, mas a Visão não pode ser apenas um sonho, também deve-se mostrar como alcançar esse grande objetivo.

– Nesse caso, devemos ser mais realistas, observou o proprietário, poderemos dizer que pretendemos chegar a ser o líder nacional de tecidos importados por meio do desenvolvimento de representações e parcerias com os grandes produtores mundiais de outros países e com o desenvolvimento de filiais em outros estados.

– Neste caso, embora ainda ache que está bem longe, perguntou o João, também teríamos que fazer o plano estratégico das filiais?

– Sim, respondeu o consultor, e da mesma forma, poderia ser feito o plano estratégico de uma área do atacado São Jorge, sendo necessário que se determine as diretrizes, seja para unidades de negócios ou filiais. De qualquer forma as chamadas "diretrizes superiores" são utilizadas em grandes organizações, o que ainda não é o caso do atacado São Jorge. No caso do conglomerado da Sra. Sílvia, são utilizadas as diretrizes superiores para orientação das diferentes unidades de negócio.

– É, esse sonho ficará para vocês desenvolverem, ponderou o proprietário.

Na reunião seguinte, João já estava com uma série de quadros prontos, mostrando a *performance* dos produtos, a projeção de vendas históricas e a projeção de lucratividade por unidade de negócio. O próprio João havia feito algumas análises, as quais ele passou a explicar.

– O volume de vendas nos últimos cinco anos cresceu muito, mas o crescimento do lucro não seguiu a mesma proporção, porque o grande crescimento que tivemos foi para confecções que têm menor margem.

– *Isso pode ser reflexo de uma política errada que venho adotando com os vendedores, observou Antônio, pois tenho incentivado a venda apenas por volume.*

– Outro ponto, voltou João, é que os tecidos importados tiveram reduzidas as vendas, mas a margem vem subindo. E tive oportunidade de constatar que o mercado de tecidos importados está crescendo, embora em um ritmo menor do que os outros tecidos, conforme pode ser verificado nos anuários do sindicato dos varejistas de tecidos.

– Esse ponto, observou o proprietário, já foi mencionado e acredito que estamos perdendo mercado não só por não ter uma equipe especializada, mas também pelo sistema de incentivos errado. Mas antes de tomar uma decisão, precisamos saber se o governo não dificultará ainda mais as importações.

– Está certo, ponderou Dr. Carlos, mas precisamos levar em conta que, ao terminar a avaliação da estratégia vigente temos também que saber o que tem sido realizado além da área comercial.

– Uma decisão importante que tomamos nos últimos tempos foi informatizar a empresa, completou o proprietário.

– Dessa forma, a nova estratégia que vocês pensarão para o atacado São Jorge não pode esquecer o que vinha sendo feito, para que exista uma continuidade no que é importante para a empresa.

– Nessa primeira reunião, avaliamos a estratégia vigente, e a Missão, vocação e Campo de Atuação, sendo que nas próximas, faremos a avaliação do ambiente, e posteriormente, dos Aspectos Internos.

– Na avaliação do ambiente, mencionou João, faremos a perspectiva da economia, que de certa forma poderá reduzir sua incerteza, mas acredito que precisaremos também levar em conta outros aspectos do ambiente.

– Sim, respondeu o consultor, mas este deverá ser um assunto a ser tratado na próxima reunião.

Parte Teórica

A estrutura de uma organização reflete as alterações de sua estratégia.

A natureza do campo de atuação de uma empresa deve estar sempre diretamente ligada à missão da empresa, ou seja, aquilo que é a sua razão de ser. O campo de atuação da organização poderá se expandir além da missão se bem avaliado, porém nesse caso a missão também deverá ser revista.

O conceito de vocação é principalmente usado para pequenas empresas, ou unidades de negócios de uma empresa maior, onde tanto a empresa e o pequeno empresário se confundem, como o responsável pela unidade e ela própria.

Vocação é a facilidade e o gosto que as pessoas têm de desenvolver uma atividade.

A visão não é apenas um grande objetivo, mas um desafio e a forma com que se deseja alcançá-lo.

As diretrizes superiores são utilizadas para orientar o planejamento estratégico de unidades de negócios e filiais de organizações maiores.

Por outro lado, quando nos referimos somente ao campo de atuação de uma empresa, estamos entendendo como as unidades de negócios em que esta atua ou poderá atuar.

Unidades de Negócio são a segmentação do campo de atuação, dando ao gestor da unidade autoridade e responsabilidade administrativa, de forma a agilizar as decisões operacionais. Uma empresa pode atuar em unidades de negócios que não fazem parte de sua missão. Nesse caso, ela deverá rever sua missão ou se desfazer da unidade.

O campo de atuação e a missão ou vocação de uma empresa são definições que devem ser feitas para facilitar a realização de um plano estratégico. Por outro lado, essas definições não são permanentes, cabendo, quando necessário, determinar sua revisão.

O campo de atuação deve estar em sintonia com a orientação da empresa que engloba as diretrizes superiores no caso de uma unidade de negócio de uma organização maior, assim como missão, vocação e visão.

Para facilitar a implementação de um plano estratégico, podem ser estabelecidas políticas, que são regras repetidas para a tomada de decisões. Como exemplo, tem-se a política de incentivos aos vendedores, que estava baseada unicamente no volume vendido.

É importante que as políticas estejam de acordo com as estratégias estabelecidas.

Exemplos de critérios para a constituição de unidades de negócios

1. Características do Mercado

Tipo de cliente/produto:

- Baixo volume com alta margem × alto volume com baixa margem.

- Produto de baixa rotação × produto de alta rotação.

2. Características da distribuição

- O cliente procura × o cliente é procurado.
- Venda padronizada × venda exclusiva (mais tempo).
- Poucos pontos de vendas × muitos pontos de vendas.

3. Características da produção

- Produção em série.
- Produção sob encomenda.
- Produção por processo.
- Lote de produção.
- Linhas de produção diferentes.

4. Tecnologia

5. Suprimentos

6. Ciclo de Vida

Questões

1. *Qual é a relação entre estratégia e estrutura de uma organização?*

2. *Explique a diferença ou relacionamento entre:*
   - *Natureza do campo de atuação × missão.*
   - *Campo de atuação × Unidades de negócios.*
   - *Natureza do campo de atuação × Unidade de negócio.*
   - *Missão × Vocação da empresa.*
   - *Missão × Visão.*

3. *A definição do campo de atuação, missão e estratégia pode ser alterada de forma independente? Explique.*

4. *Como a performance dos produtos ajudará a avaliar a estratégia vigente? Explique a importância de uma boa apuração de custos para a performance dos produtos.*

5. *Explique a relação entre as políticas e as estratégias estabelecidas.*

6. *Explique por que a unidade de negócio deverá ter certa independência administrativa.*

7. *Dê um exemplo de uma empresa de seu conhecimento que começou a ser direcionada pela vocação do proprietário, depois passou a ser direcionada pela missão, e finalmente, pela visão.*

8. *Identifique uma organização que tenha diferentes unidades de negócios, e explique os critérios utilizados em sua constituição.*

9. *Quando se utilizam as diretrizes superiores no planejamento estratégico?*

10. *Diferentes segmentos dentro da organização deverão ser sempre tratados como diferentes unidades de negócios? Explique.*

Avaliação do Ambiente

5

A reunião seguinte aconteceu somente entre João e o consultor, de forma a realizarem a primeira atividade da avaliação do ambiente (Perspectiva da Economia), e também porque João queria uma orientação do Dr. Carlos sobre como coordenar as demais atividades da avaliação do ambiente.

– Talvez para que você entenda, mencionou o consultor, seja necessário explicar inicialmente a importância da avaliação do ambiente na realização do plano estratégico. O ambiente de uma organização é tudo aquilo que tem influência em seu desempenho e que a organização nada ou muito pouco pode fazer para mudar. Dessa forma, quando estabelecemos a direção que a empresa seguirá, teremos de saber se os fatores ambientais poderão ajudar ou atrapalhar, para podermos evitar os riscos e aproveitar as oportunidades.

Para organizar a reunião e as próximas atividades, o Dr. Carlos explicou ao João que realizariam a avaliação do ambiente separando-o em quatro segmentos, de forma a ajudar a análise do que influenciará no futuro do Atacado São Jorge.

– Essa segmentação, apontou Dr. Carlos, foi desenvolvida por mim, com base em outros autores, e estabelece um paralelo com elementos do meio ambiente físico: Macroambiente Clima, Macroambiente Solo, Ambiente Interno e Ambiente Operacional.

Dr. Carlos explicou que o Macroambiente representa o grau de favorabilidade de desenvolvimento da região para uma empresa. No Macroambiente Clima, consideram-se as variáveis de poder, ou seja, variáveis decorrentes de decisões do governo e outros fatores políticos (crescimento da economia, taxa de câmbio e outras). No Macroambiente Solo, consideram-se as variáveis relacionadas à população e suas características (renda, idade, hábitos).

O Ambiente Interno é a parte humana da organização, como aspirações dos funcionários e proprietários. E no Ambiente Operacional, estão as organizações e pessoas que, no relacionamento com a empresa, poderão interferir em sua *performance* (fornecedores, concorrentes, clientes, tecnologia).

Dr. Carlos explicou que eles fariam primeiro a análise dos Macroambientes (Clima e Solo), depois do Ambiente Interno e, em seguida, do Ambiente Operacional.

– Por que dividir a análise do ambiente se na verdade estamos querendo saber o que irá influenciar no futuro?, perguntou João.

– Dr. Carlos explicou que a forma de analisar cada segmento ambiental é diferente, inclusive por meio dos diversos instrumentos para sua realização.

– Poderia me dar um exemplo do Macroambiente para o Atacado São Jorge, Dr. Carlos?, solicitou João.

– Por exemplo, explicou o consultor, para o Atacado São Jorge, uma análise do Macroambiente Clima poderia indicar que o dólar vai subir muito nos próximos anos, representando uma ameaça para os tecidos importados, por outro lado, uma análise do Macroambiente solo, poderá indicar um grande crescimento da população de classe média baixa, o que significaria um potencial crescimento de tecidos de baixo custo.

– Por isso o senhor me pediu para trazer hoje os materiais sobre economia, Dr. Carlos, pois faz parte do Macroambiente Clima, pelo qual iniciaremos nossa avaliação ambiental?

– Isso mesmo, João. Vejo que você já trouxe bastante material!

João havia recortado artigos sobre a economia, e havia conseguido um estudo publicado pelo governo com a projeção da inflação e do Produto Interno Bruto para os próximos 5 anos. O consultor, por sua vez, levou diversas publicações do IBGE e de revistas especializadas.

João estava tão entusiasmado com o estudo reunido que chegou a sugerir que seu trabalho estava pronto e que bastava "xerocá-lo". Diante desse comentário, o consultor observou:

– Quanto às variáveis da economia, é preciso observar que a previsão de algumas delas é muito difícil de ser feita, principalmente para um prazo mais longo, e depois precisamos sempre ter uma posição crítica quanto à origem dos dados.

– Pelo jeito, observou João, o estudo que consegui não serve para o nosso trabalho.

– Devemos considerar o estudo que você conseguiu como objetivos do governo, respondeu Dr. Carlos, pois se uma previsão de inflação para o próximo mês está sujeita a mudanças em razão do grande número de variáveis, o que diríamos então de uma previsão para daqui a cinco anos? Por outro lado, é importante conhecermos os objetivos que o governo irá perseguir, mas também é importante sabermos o que será feito para alcançar esses objetivos, pois unicamente com boas intenções não se chega a nada.

– Mas a previsão da inflação não é fundamental para o desenvolvimento de um plano estratégico?, perguntou João.

– Somente a previsão não é suficiente, respondeu Dr. Carlos. É importante detectarmos o grau de favorabilidade da economia em relação à empresa estudada, e a previsão de um aumento ou diminuição da inflação será um dos fatores de influência.

– Quer dizer, continuou João, que o que procuramos é saber se a economia irá ajudar ou atrapalhar a empresa?

Para as reuniões é necessária uma preparação prévia dos materiais.

– De certa forma é isso, respondeu o consultor, e precisamos levar em conta que é sempre algo relativo com o que a empresa está vivendo hoje. Também poderão existir diferenças da influência da economia para as Unidades de Negócios que foram definidas.

– Poderia dar um exemplo?, solicitou João.

– Claro, continuou Dr. Carlos. Seria o caso dos tecidos importados, que, em razão da situação futura da balança de pagamentos, pode-se ter mais facilidade ou dificuldade para importar. Um exemplo seria o aumento radical de impostos sobre tecidos importados, que terminaria com essa unidade de negócios.

Nas discussões sobre a favorabilidade da economia, não é necessário entrar em polêmicas. Para isso, não é preciso discutir detalhes, apenas determinar se a economia será mais ou menos favorável à empresa.

– Isso significa, argumentou João, que teremos praticamente de fazer um plano estratégico para cada unidade de negócio, pois, excluindo umas poucas tarefas comuns, a maioria delas precisa ser trabalhada separadamente.

– Em rigor, em um planejamento estratégico mais detalhado, é isso que deve ser feito, comentou Dr. Carlos, mas no caso do Atacado São Jorge, não são necessários estudos mais profundos devido ao custo e ao tempo de realização. Teremos assim que ter sempre em mente as particularidades das Unidades de Negócios e saber diferenciar as conclusões a partir de um estudo único.

– Assim, por exemplo, complementou João, se estivermos estudando as influências da evolução da economia no Atacado São Jorge, não faremos um estudo para cada Unidade de Negócios, embora fosse o mais correto, mas faremos um estudo único levantando as exceções das Unidades de Negócios.

– Exatamente, confirmou o consultor, e esse procedimento de trabalho será válido para as outras atividades, como concorrência, perspectiva de modas e costumes etc.

Em seguida, João e o consultor passaram à discussão sobre o Macroambiente Solo. Dr. Carlos lembrou João que as variáveis do Solo no ambiente empresarial relacionam-se com a população.

– Está certo que a demanda de tecido irá crescer com o aumento da população, mas será que o aumento da renda *per capita* também influenciará no consumo?, perguntou João.

– O que estudaremos a seguir, respondeu Dr. Carlos, é o mercado potencial, e está muito relacionado com a resposta à sua dúvida, pois o que precisamos saber é, em condições ideais, qual seria o consumo de tecidos *per capita*.

– Nós dispomos de informações de consumo *per capita* de países desenvolvidos, observou João.

– Se imaginarmos que nos países desenvolvidos existem as condições ideais para o consumo de tecidos, talvez possamos extrapolar os dados de um país desenvolvido de clima semelhante para o mercado potencial do Estado de São Paulo, que é a região onde o Atacado São Jorge atua.

– Mas teoricamente, ponderou João, o consumo potencial não deveria basear-se em estudos sobre o quanto uma pessoa, independentemente de nível econômico ou região geográfica, consome de tecido?

– Teoricamente está certo, respondeu o consultor, e para alguns produtos é possível dispor de estudos teóricos que indiquem o nível de consumo por pessoa. Contudo, para tecidos, existem muitas variáveis que podem interferir, como o clima, a moda e a capacidade financeira. Dessa forma, se conseguirmos os dados de consumo de um país desenvolvido, que se situa em um clima temperado, como São Paulo, já estaremos com uma boa estimativa de mercado potencial.

– Assim que dispusermos dos estudos dos mercados potenciais e totais, comentou João, será possível identificar o quanto poderá ser desenvolvido o mercado. Mas como faremos para projetar o mercado total ano a ano?

– Isso, é claro, será sempre uma estimativa, respondeu o consultor, e dependerá do grau de favorabilidade do Macroambiente que julgarmos que irá ocorrer. Ou seja, temos qual é o mercado hoje, qual deverá ser o mercado em condições econômicas ideais e, por estimativa, iremos inferir o quanto a nossa economia se aproximará do ideal, o que resultará na estimativa do crescimento projetado do mercado.

– Quanto à concorrência, mencionou João, nós já temos conhecimento dos outros atacadistas de tecido que atuam no mesmo segmento do Atacado São Jorge.

– Você tocou em um ponto importante, João. Primeiro nós analisamos a favorabilidade do Macroambiente. Confrontamos o mercado atual total, e o mercado potencial. Depois, faremos uma análise do Ambiente Operacional, ou seja, como o Atacado São Jorge, dentro de seu negócio, vai interagir com concorrentes, fornecedores, tecnologia etc. Aí sim poderemos visualizar de quanto será o crescimento de vendas, retorno, lucratividade e outros resultados. Nós vamos discutir o Ambiente Operacional em nossa próxima reunião.

– Tudo bem, Dr. Carlos, vamos analisar a concorrência e outras variáveis do Ambiente Operacional em nosso próximo encontro. A parte de economia e população ficou mais clara para mim. Porém, a atividade de estudar a perspectiva de modas e costumes está me parecendo mais um trabalho para bola de cristal.

– É, mencionou Dr. Carlos, em toda atividade de planejamento temos um pouco de bola de cristal, ou seja, teremos de fazer suposições que muitas vezes não têm a fundamentação de que gostaríamos. É preciso, na medida do possível, procurar analisar os fatores que determinam a moda e os costumes.

– O senhor poderia dar um exemplo, solicitou João, de como analisar a moda?

– Claro, respondeu o consultor. No próprio ramo de tecidos, podemos sentir o crescimento do uso de *jeans*, talvez por ser um tecido barato e por nossa população ser de baixo poder aquisitivo.

– Existem também *jeans* caros, ponderou João. Esse é um fenômeno que mereceria um estudo mais profundo. Acredito que os *jeans* trazem uma conotação de juventude ou algo assim, que ajuda em seu sucesso. Poderia, eventualmente, aparecer algum outro tecido que venha a ter o mesmo sucesso do *jeans*.

– Certo, interveio o consultor, mas para não ficar tanto na especulação, poderia ser estudada, por exemplo, a evolução do costume de fazer roupa e comprar roupa feita.

– É verdade, voltou João, muitos anos atrás as pessoas compravam seus cortes de tecidos e mandavam fazer suas roupas nos alfaiates e costureiras. Depois, passaram a comprar mais no próprio alfaiate ou costureira e, ultimamente, existe grande preferência pela roupa pronta, inclusive para trajes de festas, que demoraram mais para passar por esta transição.

– Na maioria das vezes, mencionou o consultor, concluímos por ideias que já tínhamos. Mas é importante que organizemos nossas ideias e também, como você mencionou, que as comprovemos. Pode ser que imaginemos algo para o ramo de tecidos e seja apenas uma coincidência de um pequeno setor em que atua o Atacado São Jorge.

– É verdade, mencionou João, poderemos estar com uma equipe ruim, ou estar sofrendo uma concorrência muito acirrada em determinada unidade de negócio, mas isso não quer dizer que todo o ramo de tecidos está tendo o mesmo problema. Teremos, sim, que redirecionar nossos esforços para conseguirmos os melhores resultados.

Depois de algumas avaliações, Dr. Carlos e João conseguiram organizar as informações disponíveis, o que os levou a tirar algumas conclusões, em resumo: que o Macroambiente favorecerá as vendas de tecidos.

Para essa conclusão, eles se basearam nas informações que indicavam que o crescimento da população continuará elevado, a renda *per capita* deverá crescer e a balança de pagamentos não deverá piorar a ponto de termos maiores elevações do custo nas importações.

Com isso, passaram para a etapa de avaliação do Ambiente Interno, que, como explicou Dr. Carlos, é a parte humana incontrolável da organização, como as aspirações do funcionários e proprietários.

– Dr. Carlos, eu gostaria de ter também uma ideia de como é feito o levantamento das aspirações dos funcionários. Pois veja, retrucou João, hoje já é difícil saber o que nossos funcionários desejam, quanto mais imaginarmos o que eles vão querer no futuro. Se perguntarmos a eles, talvez queiram o nosso lugar.

– Realmente, sabemos que as aspirações do ser humano são ilimitadas, argumentou Dr. Carlos, mas deveremos procurar fazer aquilo que lhes for mais importante sem prejudicar os interesses da organização.

– Temos de achar um meio termo, interveio João, entre o que eles querem e o que nós queremos.

– Não é bem assim, voltou Dr. Carlos, o necessário é encontrar um ponto em comum para que tanto a diretoria quanto os empregados caminhem na mesma direção.

– Poderíamos passar um questionário para todos os funcionários, para verificar o que eles esperam da empresa, sugeriu João.

– É um método utilizado, disse o consultor, mas é muito delicado, pois pode criar expectativas, se mencionarmos itens concretos no questionário. E se pedirmos para que escrevam livremente, será muito difícil agruparmos as aspirações. Outro fator delicado é a identificação ou não dos questionários, pois, se os deixarmos anônimos, muitas vezes faltará seriedade nas respostas e haverá muita abstenção. Por outro lado, se os identificarmos, existe a tendência de os funcionários se inibirem e responderem que está tudo ótimo e que não há nada a melhorar.

– Além do questionário, perguntou João, como poderíamos identificar as aspirações dos funcionários?

– Um método interessante seria por meio de reuniões com os líderes e seus funcionários. Poderão também ser observadas as reivindicações dos sindicatos nacionais, ou até de países mais desenvolvidos.

– E quanto à aspiração dos acionistas?, perguntou João.

– Talvez seu pai queira vender tudo e jogar em Monte Carlo, brincou Dr. Carlos.

– Espero que não, disse João. Talvez o que ele queira não coincida com o que eu e o Antônio queremos. Embora, atualmente, tenhamos participações acionárias simbólicas, no futuro, como o senhor mesmo disse, este negócio será nosso.

– Discutir a aspiração dos acionistas, mencionou Dr. Carlos, é sempre muito delicado, mas é fundamental que, para direcionar uma empresa, tenha-se conhecimento de onde os proprietários querem chegar. No caso do Atacado São Jorge, é claro que prevalecerão as aspirações do Sr. José, mas tenho certeza de que ele não vai querer algo oposto a vocês. Se assim for, é importante que saibam disso, para que vocês não fiquem querendo puxar a corda para um lado. Sugiro que vocês façam uma reunião para identificar e discutir as aspirações tanto do Sr. José quanto suas e do Antônio.

– Obrigado, Dr. Carlos, faremos a reunião, concordou João. Em uma empresa de capital aberto, como seria possível discutir as aspirações dos acionistas?

A empresa é uma organização que precisa servir para atender também às aspirações dos funcionários. É preciso identificar realmente quais são as aspirações dos funcionários, e não fazer o que a diretoria acha que eles queiram.

– Mesmo nas empresas de capital aberto, respondeu Dr. Carlos, quase sempre existe um acionista ou um grupo que detém o controle acionário. Neste caso, seria como se essa pessoa ou grupo fosse o Sr. José. Dessa forma, é fundamental que saibamos suas aspirações com relação à empresa, pois essa pessoa ou esse grupo é que realmente decide. É importante também conhecer as aspirações dos minoritários.

– E qual é a importância dos minoritários?, questionou João.

– Os minoritários, mencionou o consultor, quase sempre representam a sustentação financeira da empresa, quando esta recorre à venda de ações para se financiar. Caso os acionistas minoritários não estejam satisfeitos, é provável que o valor das ações caia no mercado e, consequentemente, seja difícil lançar novas ações.

– Normalmente, os acionistas minoritários estariam descontentes com os resultados e os dividendos?, perguntou João.

– Na maioria das vezes, sim, respondeu Dr. Carlos, mas também será possível que a entrada em alguns ramos de atividade possa descontentar certos grupos de acionistas.

– É, mencionou João. Se uma empresa que trabalha no ramo da saúde resolver fabricar cigarros, talvez existam grupos de acionistas que sejam contra o fumo e que prefiram vender as suas ações.

– Isso mesmo, João, concordou o consultor.

– Agora gostaria de entender pontos concretos que poderiam ser as aspirações dos funcionários e dos proprietários, solicitou João.

– Na aspiração dos funcionários, respondeu o consultor, é importante que mencionemos pontos concretos, como o clube dos funcionários, complementação de aposentadoria, creche para os filhos dos funcionários, colônia de férias, melhores salários, políticas de treinamento e desenvolvimento etc.

– Essas aspirações podem ser identificadas tanto em empresas menores quanto nas grandes corporações?, perguntou João.

– Sim, Antônio, respondeu Dr. Carlos. No conglomerado da Sra. Sílvia, que mencionei anteriormente, foi feito um levantamento das aspirações dos funcionários. Nesse levantamento, foi identificado que o principal desejo deles era apoio para os estudos e desenvolvimento profissional. Hoje, as empresas da Sra. Sílvia têm uma política de pagar até 50% do valor de treinamentos e cursos dos funcionários, desde que seja dentro da sua área profissional de atuação, e que o funcionário tenha mais de um ano de casa.

– É uma política interessante, Dr. Carlos, assim a aspiração do funcionário veio ao encontro do desenvolvimento da empresa, reforçou João.

– É verdade, João. Mas identificar essa necessidade não foi tão simples. Alguns anos atrás, a Sra. Sílvia fez uma festa de fim de ano para os funcionários em uma chácara. Ao final da festa, anunciou que a chácara fora comprada pela empresa para servir como clube de campo para os funcionários. Sua expectativa era de que os funcionários adorassem a novidade. Porém, conversando mais tarde com algumas lideranças, ouviu que as pessoas achavam que aquele recurso teria sido mais bem aplicado em uma creche para os filhos pequenos dos funcionários. Só nesse momento que ela percebeu a importância de identificar ativamente as aspirações dos funcionários. Nem sempre nós conseguimos perceber as necessidades dos outros, é como comprar um presente de que gostamos, mas que não tem utilidade para o presenteado. Já no trabalho de levantamento das aspirações dos proprietários é preciso também tomar alguns cuidados, como identificar as reais aspirações dos donos, que nem sempre são os principais executivos das empresas.

O proprietário também tem suas aspirações com relação à empresa, mas nem sempre elas são claras.

– O dono da empresa pode dizer para você que quer fazer algo que lhe fique bem, interveio João, quando, na verdade, quer outra coisa.

– Exato, respondeu Dr. Carlos, de nada adianta um proprietário dizer que seu interesse é apenas social, se na primeira retração de vendas demite metade de seus funcionários. Não quero dizer que do ponto de vista empresarial não se tenha de eventualmente reduzir o custo com a diminuição de pessoal. O importante é que o proprietário seja o mais honesto possível no estabelecimento de suas aspirações, pois poderemos estar direcionando a empresa para atender primordialmente a necessidades sociais, quando talvez a aspiração do proprietário seja conseguir uma projeção de sua empresa em seu mercado, ou mesmo uma projeção social em sua cidade. Neste último caso, é muito comum vermos empresários dando dinheiro para clubes de futebol, escolas de samba ou se candidatando como políticos.

– Espero que as aspirações do meu pai fiquem só no crescimento da empresa e assegurar uma renda para o futuro, comentou João. Tenho um amigo empresário que queria ser político. Acabou descapitalizando tanto seu negócio que quase quebrou. E o pior, nem foi eleito!

– É até comum, concordou Dr. Carlos.

– Dr. Carlos, questionou João, ainda que as variáveis do ambiente para o Atacado São Jorge tenham ficado claras para mim, gostaria de entender mais profundamente as vantagens da segmentação ambiental e a comparação com o ambiente físico, a fim de explicar melhor para as demais pessoas envolvidas no plano estratégico.

– Claro, João, concordou o Dr. Carlos. Na avaliação do ambiente, um modelo de classificação (ou segmentação) é importante tanto para ajudá-los no entendimento de como as variáveis afetam a empresa, quanto na organização do trabalho de levantamento, por lidar com informações que têm características diferentes.

– Então existe mais de um modelo de classificação?, perguntou João.

– As classificações ambientais, mencionou Dr. Carlos, variam muito de autor para autor, existindo, por exemplo, a de Kotler e a adaptação de Paulo de Vasconcellos. A minha é uma adaptação desses dois autores. Como lhe expliquei anteriormente, temos o macroambiente, subdividido em solo e clima, o ambiente operacional e o ambiente interno, que os outros autores não destacam. Para entendermos o ambiente empresarial, fazemos analogia com o ambiente da natureza.

– É isso que chamamos de ecologia de empresas?, indagou João.

– Exato, concordou o consultor. O macroambiente é o conjunto de variáveis que indicam a fertilidade de uma região para uma planta, como o grau de favorabilidade de desenvolvimento que um local pode oferecer para uma empresa.

Para entendermos o comportamento do ambiente de uma empresa, podemos compará-lo com o ambiente de uma árvore.

– A divisão do macroambiente ocorre, pois o solo e o clima são os principais fatores que determinam a fertilidade de uma região, observou João.

– Sim, continuou o consultor. O clima no ambiente físico indica as influências atmosféricas, e no ambiente empresarial, as relações de poder, ou seja, os fatores políticos.

– Quais seriam as variáveis a serem estudadas no clima? – perguntou João.

– Enquanto no clima físico estudamos o nível pluviométrico e a temperatura, mencionou Dr. Carlos, no clima empresarial são estudadas variáveis como inflação, Produto Interno Bruto (PIB), legislação e política governamental.

– Como você mencionou, disse João, a utilização da ecologia de empresas para explicar a classificação ambiental seria importante para identificarmos suas características?

– Exatamente, retomou o consultor. Como características do clima, podemos mencionar que a sua previsão só é válida em curtíssimo prazo ou como uma tendência de longo prazo.

– Quer dizer que, em uma previsão do clima, poderemos, com certa precisão, dizer se vai chover amanhã ou se a inflação do mês que vem será alta, correto?, observou João. Por outro lado, para o próximo verão, só poderemos dizer que a tendência é de fazer mais calor, embora no meio do verão possa ter uma semana de frio. Ou, transportando para a economia, dizer que haverá um período de alta inflação para o próximo ano, embora possam existir meses de inflação mais baixa, então é na tendência que teremos que apostar.

– Vejo que você entendeu o que é o clima empresarial, retomou Dr. Carlos. Outra característica é que o clima costuma ter suas variações gradativas, e mesmo as variações súbitas quase sempre são previsíveis. Assim, se uma região tem um clima úmido, poderá, com o desmatamento, perder gradativamente sua umidade, ou poderá haver uma erupção vulcânica que altere toda a ecologia de uma região, inclusive o clima.

– No clima empresarial, completou João, poderemos ter gradativo agravamento do processo inflacionário, ou grande mudança política que intervenha nas causas inflacionárias. Essa grande mudança política poderá acontecer com a eleição de um novo governante, ou até de uma revolução.

– Interessante notar, observou Dr. Carlos, como até as revoluções não acontecem de surpresa. Certa ocasião em que conversava com um ex-ministro português da época da Revolução dos Cravos, ele me relatou que, quando lhe avisaram do início da revolução, mencionaram: "Começou a revolução!", e não: "Começou uma revolução".

– Outro ponto, colocou João, é que para muitas empresas a inflação pode ser benéfica.

– Isto também acontece na natureza, disse o consultor, pois existem plantas que só se desenvolvem em clima tórrido.

– Quando estudarmos o clima, observou João, estaremos, na verdade, estudando os fatores que influenciam sua alteração. Como poderemos identificar estes fatores?

– Realmente, respondeu Dr. Carlos, a identificação dos fatores não é algo muito simples, pois poderemos ter influências próximas mais fáceis de identificar, assim como influências distantes, que apesar da distância podem ser de grande importância.

– Ouvi dizer, mencionou João, que a poluição de certos gases, como o utilizado em aerossóis, está alterando a camada de ozônio, que protege a terra da radiação solar, o que poderá afetar a temperatura nos polos e, consequentemente, no resto do mundo. Da mesma forma, o déficit de comércio dos EUA poderá ter consequências para uma empresa brasileira ligada à exportação para aquele país.

– Por outro lado, continuou Dr. Carlos, quando eu era mais novo, tínhamos em São Paulo na época do inverno uma garoa quase permanente, que hoje dificilmente aparece. Essa mudança de clima provavelmente acontece pelo desmatamento e pela poluição. Fazendo um paralelo, a prefeitura está com gastos cada vez maiores, o que implica aumentos tributários. Há alguns anos o imposto territorial era muito barato, ao passo que hoje está se tornando cada dia mais pesado para a população. Como método de levantamento para a previsão das variáveis do clima, usamos a opinião de especialistas e construção de cenários para reduzir a margem de erro, mas para o longo prazo, devemos sempre apostar em uma perspectiva, não em um valor exato.

– No macroambiente, solicitou João, já falamos do clima, agora gostaria que você explicasse o solo.

– O solo físico fornece à planta os alimentos necessários para mantê-la e desenvolvê-la, explicou o consultor, ao passo que o solo empresarial fornece os recursos necessários para manutenção e crescimento da empresa.

– Quais seriam as principais variáveis a serem estudadas no solo?, perguntou João.

– No solo físico precisaríamos estudar os elementos químicos, particularmente nitrogênio (N), fósforo (P) e potássio (K), como também umidade, topografia e compactação, explicou Dr. Carlos. No solo empresarial teríamos de estudar a população e suas características, como renda, idade, hábitos etc. As previsões das mudanças da população podem ser feitas por tendência usando métodos estatísticos.

– Quer dizer que o solo empresarial é basicamente a população?, observou João. E quando tivermos, como é o caso do Atacado São Jorge, produtos intermediários, atendendo revendedores em vez de o cliente final?

– Em última análise, mencionou o consultor, toda organização serve ao ser humano. Pode ser que o Atacado São Jorge venda tecidos a uma confecção, que, por sua vez, vende para uma loja e só então chega à mão do consumidor, mas, quando estudarmos o solo empresarial, verificaremos as condições que este oferece à população para adquirir os produtos comercializados pelo Atacado São Jorge.

– É verdade, disse João; se vendermos um tecido que tem pouca aceitação, ele acaba encalhando na mão do nosso cliente, significando que ele não comprará mais aquele tecido. Não adianta vendermos tecidos importados para um varejista de uma região de baixa renda, por exemplo.

– É interessante observar as características do solo, observou Dr. Carlos, pois poderemos ter manchas de terra fértil no meio de uma região de terra fraca. Assim, pode-se encontrar em cidades pobres núcleos de aristocracia.

– Isso significa, mencionou João, que não podemos simplesmente inferir que, pelo fato de nosso cliente atuar numa região de menor renda, não poderá vender um tecido mais caro. Pode ser que o nosso cliente esteja plantando em uma mancha de terra fértil.

– Nesse estudo do solo, disse Dr. Carlos, é preciso dar a dimensão correta do solo em que estamos atuando. Assim, por hipótese, poderemos ter a população de uma cidade de um milhão de habitantes, contudo, somente dez mil terão condições de consumir seu produto, e, ainda, como você mencionou, é necessário verificar se seu cliente atua nesse mercado.

– Quando estudamos o solo, observou João, é preciso levar em conta o tipo de empresa que estamos estudando, pois uma padaria serve a uma região bastante restrita, ao passo que uma loja de automóveis poderá ter clientes até em outras cidades.

– É como o estudo do solo para uma planta, explicou Dr. Carlos. Se fizermos o estudo do solo para uma pequena margarida, será diferente do que para um pinheiro, em razão da abrangência desses dois tipos de plantas.

– O estudo do solo não precisa ser refeito todos os anos?, perguntou João.

– As variações do solo são lentas e previsíveis, disse o consultor, mas devem ser revistas, até porque o clima pode interferir no solo e vice-versa.

– Ouvi dizer, mencionou João, que em Israel foram plantadas árvores no deserto utilizando-se irrigação individual para cada uma, e que hoje o clima já mudou, havendo até chuvas.

– Em complemento, observou o consultor, a irrigação de uma região poderá melhorar seu solo? No ambiente empresarial ocorre o mesmo fenômeno, pois se houver uma melhoria no nível escolar de uma população, que seria semelhante ao solo físico, teremos provavelmente uma melhora na economia, que seria parecida com o clima físico.

– Outro ponto, disse João, é que os elementos do solo devem estar bem combinados, pois de nada adianta querer vender um produto caro destinado a pessoas de idade em uma loja frequentada por jovens, mesmo que elas tenham um bom poder aquisitivo.

– É o que acontece no solo físico, completou o consultor, pois de nada adianta um solo rico em nitrogênio e fósforo se faltar o potássio.

– E a análise do ambiente interno? – perguntou João.

– Para uma planta, mencionou Dr. Carlos, o ambiente interno é o conjunto do ser que transforma os elementos, de forma que possa manter-se e crescer. Da mesma forma, o ambiente interno de uma empresa é a parte humana e incontrolável da organização.

– Mas a parte humana da empresa não é um instrumento da administração?, questionou João.

– De forma geral, as pessoas podem ser consideradas instrumentos de uma organização, respondeu Dr. Carlos, mas existem os desejos dos funcionários e proprietários, que dificilmente seriam manipulados, os quais, por sua vez, podem ter grande influência no desenvolvimento de uma organização. A técnica utilizada para avaliar o ambiente interno é a análise da Cultura Organizacional, onde se identificam os valores comuns que os funcionários como um grupo apresentam.

– No caso do ambiente físico, completou João, seriam todos os fatores internos da planta, como doenças e parasitas.

– Uma característica importante do ambiente interno, mencionou o Dr. Carlos, é que, da mesma forma que um enxerto pode alterar uma planta, uma fusão também pode modificar o desempenho de uma empresa.

– Às vezes, não é preciso nem uma fusão de empresa; basta a contratação de um novo elemento com uma mentalidade diferente, observou João.

– Está certo, disse o consultor. Você teve alguma experiência nesse sentido?

– Aconteceu há alguns anos, respondeu João, com a contratação de um novo gerente de vendas, que, além de ser muito entusiasmado, conhecia muito bem as técnicas de venda e de liderança da sua equipe. Foi como uma doença boa que contagiou não somente os vendedores ligados a ele, como também as outras equipes.

– Você acredita que esse novo gerente possa ter mudado o ambiente interno do Atacado São Jorge?, perguntou Dr. Carlos.

– Sem dúvida, respondeu João. Antes a conversa mais comum era sobre os anos que faltavam para a aposentadoria, e agora criou-se uma rivalidade positiva, em que toda a equipe de vendas está procurando sempre se superar, para poder, nas reuniões de vendas, contar vantagem, ou, pelo menos, não ficar em desvantagem. Dr. Carlos, entendi que vamos falar do ambiente operacional em nosso próximo encontro, mas poderia complementar a comparação do ambiente físico?

– Fisicamente, esse ambiente reúne os animais e vegetais que poderão ajudar ou dificultar o desenvolvimento de uma planta. No ambiente empresarial seriam as organizações e pessoas que, no relacionamento com a empresa, poderão interferir em sua *performance*.

– Quais seriam as principais variáveis do ambiente operacional?, perguntou João.

– No ambiente físico, respondeu o consultor, teríamos a ecologia local, reunindo plantas e animais que habitam o mesmo lugar. Já no ambiente empresarial, temos as organizações e pessoas que se relacionam com a empresa, como: concorrentes, fornecedores, prestadores de serviços e clientes intermediários.

– Que características podem ser observadas no ambiente operacional?, questionou João.

– Quando pensamos no ambiente operacional, disse Dr. Carlos, geralmente pensamos somente na concorrência como uma forma de ameaça para a empresa. O que é necessário observar é que tanto na natureza como no meio empresarial pode existir uma sinergia positiva com a concorrência. Então devemos analisar não somente a concorrência, mas os outros fatores que determinam as operações futuras da empresa, como fornecedores, clientes diretos e mudanças de tecnologia que influenciarão as operações da empresa. Para esse tipo de análise, utilizamos a técnica de Cenários, que procura estabelecer a relação entre as variáveis a fim de avaliar como serão as operações futuras da empresa.

Depois desse primeiro encontro do Dr. Carlos com João, as atividades da etapa de avaliação dos Macroambientes Solo e Clima e do Ambiente Interno correram sem maiores problemas. Ficou combinado que a reunião seguinte também aconteceria somente entre o Dr. Carlos e João, a fim de discutirem a avaliação do ambiente operacional. Nesse intervalo, a atividade de definir as aspirações dos funcionários e acionistas foi realizada em uma reunião adicional entre o Sr. José e os dois filhos, Antônio e João. Nesse encontro, identificaram que o Sr. José desejava ocupar no futuro uma posição de conselheiro do Atacado São Jorge, em vez de gestor, e que João e Antônio gostariam de ter áreas de responsabilidades mais claras. Durante o desenvolvimento da avaliação do ambiente, diversos pontos foram levantados para a etapa do estabelecimento do direcionamento estratégico, mas João, por orientação do Dr. Carlos, soube postergar a discussão das estratégias.

Parte Teórica

O ambiente de uma organização é tudo aquilo influencia seu desempenho e que a organização nada ou muito pouco pode fazer para mudar. Dessa forma, quando estamos estabelecendo a direção que a empresa irá seguir, teremos de saber se os fatores ambientais poderão ajudar ou atrapalhar, para podermos evitar os riscos e aproveitar as oportunidades.

A análise ambiental deve ser segmentada por Unidade de Negócio, em razão das suas particularidades. Dessa forma, é necessário que estabeleçamos estratégias independentes para cada Unidade de Negócio.

A simples projeção de variáveis da economia, como PIB e inflação tem pouco valor para um estudo de planejamento estratégico, sendo importante detectar se a economia deverá ser favorável ou não para a empresa nos próximos anos.

O mercado potencial de alguns produtos que não dependem de muitas variáveis pode ser calculado de forma direta. Por exemplo, um estudo poderá determinar que o consumo máximo de sal para os seres humanos é de "X" gramas/ano. O mercado potencial será esse volume de gramas multiplicado pelo número de pessoas na região estudada.

O cálculo do mercado potencial de produtos mais complexos pode ser estabelecido com base no consumo do produto em países desenvolvidos, com semelhança de variáveis que possam influenciar, como clima e costumes.

Para a estimativa do mercado total, devemos levar em conta o mercado atual e imaginar, em razão do grau de favorabilidade da economia, quanto deverá se aproximar do mercado potencial.

Para facilitar a análise do ambiente de uma organização, pode-se segmentá-lo. Neste processo, busca-se identificar o grau de favorabilidade de desenvolvimento de uma região para uma empresa. Devem ser utilizadas técnicas diferentes de análise para cada segmento:

- Macroambiente clima: "opinião de especialista" e construção de cenários
- Macroambiente solo: técnicas estatísticas
- Ambiente operacional: técnica de cenários
- Ambiente interno: análise da cultura organizacional.

A avaliação das aspirações dos empregados e proprietários é muito delicada e também muito importante na realização de um plano estratégico. Ao pesquisarmos as aspirações dos empregados, deveremos ter o cuidado de verificar pontos concretos e cuidar de não criar expectativas neles. Na avaliação da aspiração dos empregados, é importante identificar seus reais desejos, e não aquilo que se projeta como imagem.

Quadro-resumo do modelo de segmentação ambiental[1]

Segmento Ambiental	Definição e Variáveis	Características	Método de Avaliação
Macroambiente Clima	Relações de poder (fatores políticos) Principais variáveis: inflação, PIB, Legislação, política governamental	– A previsão do clima pode ser em curtíssimo prazo, ou uma tendência em longo prazo – As variações do clima normalmente são gradativas, mas, mesmo as súbitas, quase sempre são previsíveis – O estudo do clima deve levar em conta o tipo de planta ou empresa, pois o calor elevado pode ser benéfico para algumas plantas, da mesma forma que algumas empresas ganham mais com a Inflação maior – As influências para uma alteração climática poderão ser próximas ou distantes. Assim a formação de uma represa poderá aumentar o índice pluviométrico de uma região, como uma guerra no outro lado do mundo poderá inviabilizar uma empresa por falta de uma matéria-prima	As previsões do macroambiente clima deverão ser baseadas na opinião de especialistas e construção de cenários. Ao final deve-se optar pela tendência mais provável Ainda que se opte por uma tendência, o conhecimento das implicações dos demais cenários é rico para a organização

---

[1] ALMEIDA, Martinho I. R. *Manual do Planejamento Estratégico*. São Paulo: Atlas, 2010.

Segmento Ambiental	Definição e Variáveis	Características	Método de Avaliação
Macroambiente Solo	Fornece o recurso necessário para manter e desenvolver a empresa Principais variáveis: população e suas características (renda, idade, hábitos etc.)	– As transformações são lentas e previsíveis – Embora o solo de uma região tenha determinadas características, é normal que apareçam manchas de solo com outras particularidades; da mesma forma em uma região com determinadas características da população, poderemos encontrar grupos diferenciados – O estudo do solo deverá ter uma abrangência diferente em razão do tipo de plantação, ou de empresa a ser estabelecido. Ao estabelecermos uma padaria, não terá sentido estudarmos as características da população do país, e sim do bairro, ou apenas das ruas mais próximas – O solo e o clima são interdependentes – A fertilidade do solo é devida à combinação dos seus elementos	Para a previsão do macroambiente solo devem-se utilizar estudos estatísticos, geralmente disponíveis em pesquisas (dados secundários)
Ambiente Operacional	Organizações e pessoas que no relacionamento com a empresa poderão interferir em sua *performance* Principais variáveis: concorrentes, fornecedores, prestadores de serviço, clientes intermediários, tecnologia	– A análise do ambiente operacional é feita em função do tamanho e tipo de planta/empresa – Na análise da concorrência muitas vezes plantas da mesma espécie podem entreajudar-se da mesma forma que o agrupamento de empresas do mesmo ramo poderá criar um ponto de especialização	A previsão do ambiente operacional é realizada por uma projeção de cenários que inter-relaciona as variáveis ambientais para identificar o relacionamento operacional futuro
Ambiente Interno	É a parte humana e incontrolável da empresa que forma a organização capaz de transformar a matériaprima, ou informações, gerando resultados Principais variáveis: valores e aspirações dos funcionários e proprietários	O enxerto pode alterar uma planta da mesma forma que uma fusão pode modificar o desempenho de uma empresa	A avaliação deste segmento pode ser realizada pela análise da cultura organizacional, que identifica os valores dos grupos dos funcionários, e reuniões específicas com os proprietários

Questões

1. *Qual é a validade de uma previsão de inflação para um plano estratégico? Explique.*
2. *O que se espera que uma previsão da economia possa ajudar em um plano estratégico? E para as unidades de negócio?*
3. *Qual é a relação de um estudo de mercado total e potencial, e como esses estudos podem ajudar na realização de um plano estratégico?*
4. *O que é o ambiente de uma organização?*
5. *Como devemos relacionar as informações das variáveis ambientais para se chegar a conclusões?*
6. *Como podemos prever alterações nas modas e nos costumes?*
7. *Dê um exemplo de como poderemos analisar as aspirações dos funcionários. Comente os prós e contras desse exemplo.*
8. *Devemos preocupar-nos unicamente com as aspirações do acionista majoritário? Comente.*
9. *Comente como poderemos conseguir informações mais verídicas das aspirações dos funcionários e proprietários.*
10. *Quais são as divisões e subdivisões do ambiente empresarial?*
11. *O que é o macroambiente?*
12. *Explique o que é clima e solo no ambiente empresarial, indicando as suas principais variáveis e características.*
13. *O que seria o ambiente interno de uma organização? Explique suas variáveis e as técnicas de análise de seus elementos.*
14. *Dê um exemplo de como uma fusão pode alterar o ambiente interno de uma organização.*

Avaliação do Ambiente – Ambiente Operacional

6

Conforme haviam combinado, a reunião seguinte aconteceu novamente entre o Dr. Carlos e João. Nessa reunião, discutiram as atividades da etapa de Avaliação do Ambiente Operacional.

O Dr. Carlos explicou a João que o ambiente operacional é o que tem interferência mais próxima na organização, sendo que uma alteração neste ambiente afeta a empresa mais rapidamente do que em outros segmentos. Em decorrência disso, a empresa deve estar consciente dos riscos e oportunidades, a fim de se preparar para agir com mais rapidez no futuro.

– O ambiente operacional é formado pelas organizações e pessoas que no relacionamento com a empresa poderão interferir em sua *performance*, como concorrentes, fornecedores, prestadores de serviço, clientes intermediários, e mudanças tecnológicas que possam alterar a forma de operar da organização, explicou Dr. Carlos. Um dos aspectos mais importantes do ambiente operacional é a concorrência. Dado o crescimento da competitividade dos mercados, a análise da concorrência faz parte do dia a dia das organizações.

– Gostaria de entender, perguntou João, como a análise da concorrência poderá influenciar no estabelecimento da estratégia de uma empresa. O senhor poderia dar um exemplo?

Ao analisarmos o ambiente de uma empresa, é necessário perceber que ele tanto pode favorecer um concorrente como prejudicar outro.

– Meu avô, mencionou Dr. Carlos, no início do século XX, foi o primeiro importador de automóveis no Rio de Janeiro, e por isso ele também tinha de fornecer a gasolina. No início, o único concorrente na venda de gasolina era um português. Mas em determinada ocasião apareceu um concorrente americano que se chamava Texas Company. Meu avô telegrafou aos EUA pedindo informações do novo concorrente, e ficou sabendo da potência da empresa, e que não teria condições de enfrentá-lo. Meu avô desistiu da importação de gasolina e teve a gentileza de avisar ao português, seu concorrente. Este quis enfrentar a empresa norte-americana e acabou falindo depois de algum tempo.

– É verdade, comentou João, como é importante a análise da concorrência para darmos o caminho à nossa empresa. Contudo, pelo seu exemplo parece que uma pequena empresa não pode conviver com uma grande em um mesmo mercado.

– Em alguns setores da economia a pequena empresa não tem condições de acompanhar uma grande, respondeu o consultor, mas isso porque alguns mercados exigem um capital muito grande, de que a pequena empresa não dispõe. Mas em outros mercados a pequena empresa pode conviver com a grande e até ter um desempenho superior.

– É a flexibilidade do pequeno Davi, que ganhou da força do grande Golias, brincou João. Mas como seria possível visualizar se a empresa poderá ou não enfrentar um concorrente?

– O que é preciso, respondeu Dr. Carlos, é verificar se a organização tem a massa crítica, ou as condições mínimas necessárias para entrar ou permanecer no negócio. Cada negócio tem a sua massa crítica. Vocês, por exemplo, não poderiam ser atacadistas de tecidos se não tivessem um mínimo de variedade e quantidade disponível de tecidos, além de um depósito, uma equipe de vendas etc.

– É, comentou João, para as granjas existe até um estudo do número mínimo de galinhas, para que esta seja econômica, mas o senhor poderia dar um exemplo de uma empresa pequena que tenha desempenho melhor do que uma grande?

– Existe uma ideia errada, comentou o consultor, de acharmos que para uma empresa ter sucesso a outra tem de perder. Esse seria um exemplo radical, como o da distribuição de gasolina, mas o mais comum é a empresa conquistar uma fatia de mercado da outra, o que seria uma vitória. Um exemplo seria o mercado de sorvetes, que antigamente eram produzidos nos bares e armazéns, e com a entrada de marcas industriais, esses pequenos produtores perderam espaço. Porém, nos últimos anos, têm surgido novas sorveterias artesanais, que têm crescido muito, diferenciando-se dos industriais pela variedade de sabores, pontos próprios e menor utilização de conservantes.

Massa crítica é o tamanho mínimo que um negócio precisa ter para ser eficiente. Da mesma forma que uma pessoa sozinha dificilmente poderá mudar os móveis de uma sala; em três elas certamente não terão dificuldade.

– Voltando ao ramo de tecidos, mencionou João, gostaria de saber como faremos para conseguir informações da concorrência que desconhecemos.

– O que é preciso ficar claro, ponderou Dr. Carlos, é que, ao pesquisar informações da concorrência, não estaremos fazendo o trabalho de espiões, apenas coletaremos e analisaremos os dados fornecidos pelos concorrentes. Isso pode ser feito por meio do sindicato dos atacadistas de tecidos, que costuma coletar informações de todo o setor; pode ser feito por análise de balanço do concorrente, ou até uma troca direta de informações.

– Certa vez, emendou João, estava conversando com um fornecedor com quem tenho um relacionamento bastante próximo, e ele nos contou que nosso maior concorrente havia deixado de comprar determinado tecido, e fizera uma grande encomenda de outro fabricante.

– Ótimo exemplo, João, o relacionamento com outros participantes da cadeia produtiva pode ser uma rica fonte de informações, concordou Dr. Carlos.

– Mas, perguntou João, como é que vamos "costurar" as diversas informações a fim de fazer uma análise global?

– Primeiramente, respondeu o consultor, precisamos distinguir as análises genéricas da concorrência da análise dos concorrentes que atuam mais diretamente no seu segmento de mercado. A análise da concorrência, por exemplo, pode indicar-nos que tem havido crescimento no número de atacadistas de tecidos, o que poderia indicar-nos uma possível tendência de divisão do bolo do mercado, ou seja, cada atacadista terá a tendência de reduzir a sua fatia de mercado. Por outro lado, poderemos identificar que são dez os principais atacadistas que atuam na sua faixa de mercado. A análise desses dez concorrentes deverá indicar, se possível, as suas situações financeiras, possibilidade de crescimento, possibilidade de mudança de ramo etc.

– Não sei se seria um exemplo, mencionou João, mas existe um forte concorrente que atua na região de Ribeirão Preto, que, por ser da região e ter um custo mais baixo, é difícil de ser vencido em uma tomada de preço.

– É um bom exemplo, respondeu o consultor, pois se o Atacado São Jorge tem alguma desvantagem em relação a esse concorrente, nessa região, e essa desvantagem for difícil ou custosa para ser corrigida, talvez seja o caso de o Atacado São Jorge desistir dessa praça e direcionar seus recursos para uma praça que lhe dê melhor retorno. Dessa forma, a análise dos concorrentes poderá ajudar a estabelecer a estratégia, ou o caminho que o Atacado São Jorge deverá seguir.

– Voltando à minha pergunta, retomou João, está parecendo que cada vez vai ficar mais difícil "costurar" essas informações.

– De fato, respondeu Dr. Carlos, não é fácil "costurar" as informações, pois isso depende de muita análise e bom senso para chegarmos às conclusões. O importante é que as conclusões tenham uma explicação, mesmo que seja uma hipótese. O que não pode acontecer é fazermos a coleta de uma porção de informações e depois listar diversas conclusões sem mostrar a relação entre os dados e as conclusões.

– Se estou entendendo, voltou João, deveremos coletar as informações, de forma a termos uma ideia mais clara e coordenada de nossos concorrentes. Essas informações deverão ser repassadas para os demais participantes do plano estratégico para que possamos fundamentar as conclusões quando estabelecermos o direcionamento estratégico.

– Está certo, respondeu Dr. Carlos, mas devemos ter o cuidado de não acharmos que essa atividade de avaliação da concorrência, como também as outras, são estanques, ou seja, devemos saber que, mesmo que estejamos em outras etapas, é normal retomarmos uma pesquisa sobre aspectos do ambiente em razão de novas ideias que possam surgir, modificações no comportamento dos concorrentes ou outra variável ambiental.

As informações coletadas para uma avaliação do ambiente podem parecer desencontradas, mas é preciso achar a relação existente entre elas, fazendo-se uma verdadeira "costura", de forma que as conclusões apareçam de modo claro.

– Ainda tem um ponto que não estou entendendo. Quando é que a concorrência pode ser positiva, como você mencionou no início de nossa reunião?, perguntou João.

– A concorrência normalmente tira os fregueses da empresa, disse o consultor, mas poderá haver associações de empresas que se ajudem, ou até a proximidade física de várias empresas do mesmo ramo que sirva como ponto de atração.

– É verdade, pois existem ruas especializadas em São Paulo, como a São Caetano, que vende vestidos de noivas, ou a Santa Ifigênia, que vende produtos elétricos e eletrônicos. Nestes casos, a proximidade de empresas do mesmo tipo pode torná-las mais especializadas, atraindo mais clientes para a região, complementou João.

– Muito bom exemplo, João, concordou Dr. Carlos. Isso que chamamos de *cluster*, grupos de empresas que, pela proximidade, criam uma sinergia, tanto de fabricação, quanto de comércio ou prestação de serviços.

– Então *cluster* seria o mesmo que coopetição?, perguntou João. Li este conceito em um dos livros que o senhor me emprestou.

– Não tem exatamente o mesmo sentido. Coopetição significa competir e colaborar ao mesmo tempo. Nos *clusters*, isso realmente acontece, mas este fenômeno não é exclusivo aos *clusters*. Por exemplo, muitos sindicatos patronais promovem a coopetição, explicou Dr. Carlos.

– É verdade, Dr. Carlos, concordou João. No sindicato dos atacadistas de tecidos, todos nós somos concorrentes, mas existem sempre discussões sobre aspectos tributários, contábeis e econômicos, em que as experiências de um atacado podem ajudar aos outros. Porém, nós não entramos em aspectos comerciais, como preço e clientes, que seriam informações muito sensíveis, mas em outros aspectos, estamos sempre abertos a colaborar com os outros atacados.

– Muito bom, João, esse é um ótimo exemplo de coopetição, concluiu Dr. Carlos.

– Dr. Carlos, outro conceito que me confunde em relação aos *clusters* é o de Rede de Negócios. Poderia me explicar melhor?

– Claro, João. Gosto muito de um autor chamado Zaccarelli, que define que Redes de Negócios[1] constituem-se em arranjos compostos por diferentes negócios que mantêm vínculos e relacionamentos em alguma medida entre si. Por exemplo, quando surgem artigos comentando que não é a empresa Toyota que está vencendo a empresa General Motors, é a rede de negócios da Toyota que está vencendo a rede da GM, vemos que a capacidade competitiva das redes de negócios já é tacitamente reconhecida.

– Então *clusters* são formados por empresas que são concorrentes e têm proximidade física, e Redes de Negócios são formadas por uma rede de várias empresas em sequência, desde a origem até o consumidor final?

– Exato, João. Em complemento, os *clusters* são arranjos organizacionais que surgem de forma espontânea, e as Redes de Negócios são estruturadas com base em uma estratégia de uma das empresas, que procura liderar essa formação. No caso do Atacado São Jorge, este lidera uma rede de negócios de tecidos, comprando de pequenas e médias confecções, e vendendo também para pequenos e médios lojistas.

– Entendo o que quer dizer, Dr. Carlos. Por isso não damos ênfase em comprar das grandes tecelagens nem vender para as grandes confecções, concordou João. Muitos de nossos concorrentes vão na contramão, reduzindo preços para ganhar pedidos de grandes clientes, e eu às vezes me questiono se estamos no melhor caminho para competir.

– Para entender o cenário de competição de um setor em que uma organização se situa ou deseja entrar, um dos meus autores preferidos, Michael Porter, propôs um modelo de análise conhecido como 5 Forças Competitivas de Porter, que pode nos ajudar nessa questão. Esse modelo serve para avaliarmos o nível de competitividade de um setor. Ao estudar as 5 Forças, a organização pode buscar estratégias que modifiquem a sua posição em relação a essas regras, em favor da empresa.

– Quais seriam essas 5 Forças, Dr. Carlos?, perguntou João.

Dr. Carlos então apresentou a João uma figura descritiva das 5 Forças de Porter:

---

[1] ZACCARELLI, S. B. et al. Clusters *e redes de negócios*: uma nova visão para a gestão dos negócios. São Paulo: Atlas, 2008.

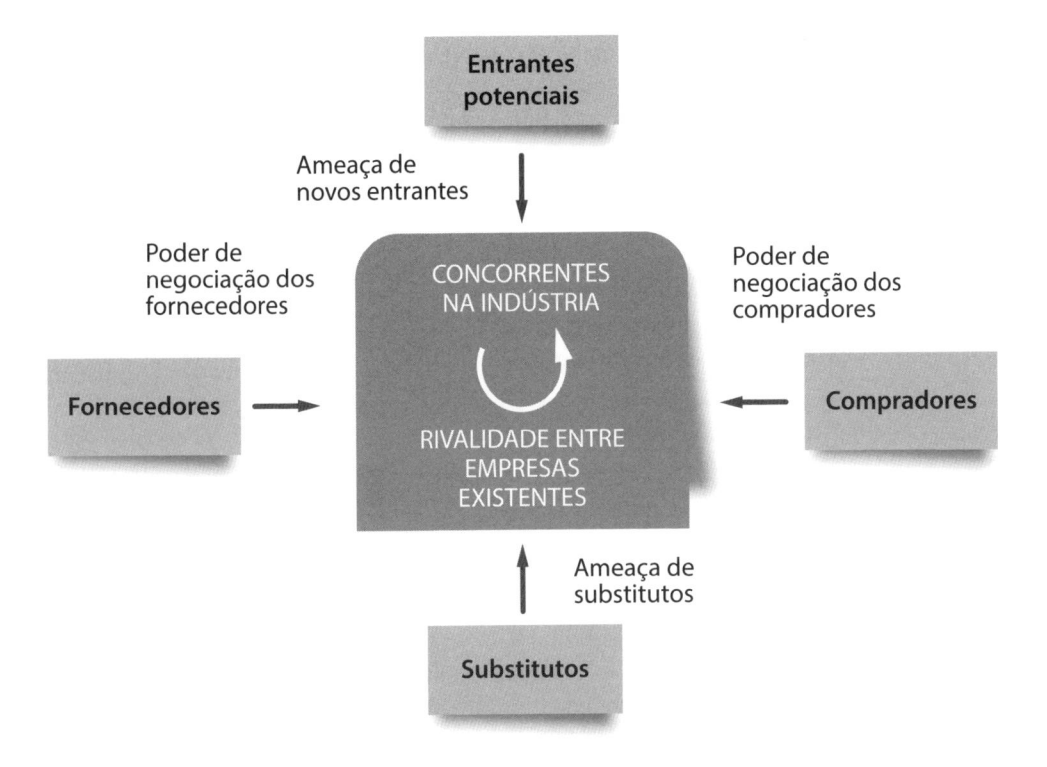

Figura 6.1 Forças competitivas de Porter.[2]

– Vamos começar a análise do setor pelos Fornecedores, introduziu Dr. Carlos. Como vocês têm visto o poder de negociação dos fabricantes em relação aos atacadistas, João?

– Em geral os fornecedores de tecidos são tecelagens de menor porte e pulverizadas, com pouco poder de barganha. Tem um grupo, que agora já sei que configura um *cluster*, importante na cidade de Americana, no interior do estado de São Paulo. Lá se concentram diversos fabricantes que se beneficiam da mão de obra especializada, ampla disponibilidade de fornecedores de tinturas, equipamentos e outras matérias-primas. Mas não significa que tenham mais poder de negociação com os atacados.

– Ótimo, João. O entendimento do cenário é essencial para desenvolver estratégias que melhorem o posicionamento da organização em relação às forças competitivas.

– Assim, Dr. Carlos, deveríamos desenvolver estratégias para aumentar ainda mais nosso poder de negociação de preço com os fornecedores?, perguntou João.

– Veja, João, a relação com os fornecedores não é somente uma questão de "apertar o preço". É necessário ter uma visão de longo prazo e considerar outras variáveis, como prazo de entrega, qualidade e nível de serviço. Devemos trabalhar todas essas variáveis, também pen-

---

2   PORTER, Michael E. *Estratégia Competitiva*: técnicas para análise de indústrias e da concorrência. 2. ed. Rio de Janeiro: Elsevier, 2004.

sando na sustentabilidade da cadeia produtiva, para fortalecer a rede de negócios, com um papel de liderança nessa rede. Por exemplo, uma montadora de automóveis tem muito poder de barganha em relação a seus fornecedores de autopeças. Algumas montadoras exploram excessivamente esse poder, e já houve casos de interrupção na linha de montagem por falta de uma peça, pois o fornecedor havia falido e interrompido a entrega.

– É, realmente, Dr. Carlos. Uma vez recebemos um pedido de um grande contrato e faltou tecido para que pudéssemos atender no prazo. Nossos fornecedores trabalharam com horas extras para que conseguíssemos atender a esse cliente. Certamente, se estivéssemos somente exigindo preço cada vez mais baixo, não teríamos tido a colaboração desses fornecedores.

– Um trabalho que também tenho visto vocês desenvolverem no Atacado São Jorge, disse Dr. Carlos, é aumentar a importância do volume comprado de alguns fornecedores, que passaram a ser praticamente exclusivos do Atacado São Jorge. Essa estratégia aumenta o poder de negociação do atacado, porém, como vocês trabalham a sustentabilidade do fornecedor, gera um relacionamento mais duradouro, beneficiando ambas as partes. Vemos aqui a fidelização da rede de negócios, em que o Atacado São Jorge, como líder da rede, consegue esse benefício.

– Pelo que entendi, Dr. Carlos, a próxima força a ser analisada é a dos Compradores. Nesse aspecto, o setor está em uma posição um pouco mais fraca. Há algumas grandes confecções, que demandam altos volumes e podem comprar de diferentes atacados, tendo maior poder de barganha. Porém existem também compradores menores, confecções pequenas e mais pulverizadas. Uma ação que temos praticado com nossos clientes é não dar descontos excessivos para os grandes pedidos. Assim, não temos concentração de grandes clientes e não dependemos de vendas volumosas com margens muito baixas para essas grandes confecções.

– É uma boa estratégia, João, concordou Dr. Carlos, às vezes as empresas caem na tentação de realizar um ganho no curto prazo, que pode prejudicá-las no longo prazo. E também está ligada ao movimento do Atacado São Jorge de liderar a rede de negócios, fidelizando tanto os fornecedores (tecelagens) quanto as pequenas confecções compradoras. Agora, passemos aos entrantes potenciais.

– Acredito que a ameaça de entrada de novos concorrentes no setor atacadista é mediana, Dr. Carlos, disse João. Digo isso porque, para ser um atacadista de tecidos, o novo entrante precisará de estoque, sistema logístico próprio, depósito adequado, além de acessar uma rede de clientes que já tem certa fidelidade com os atacadistas atuais.

– Concordo, João. Além do acesso aos fornecedores, que também é uma rede fundamental para os atacadistas. Podemos considerar como uma ameaça mediana, pois é mais difícil de entrar do que setores que demandam pouco capital financeiro ou humano, como serviços de baixa especialização, porém tem barreiras menores do que setores de alta complexidade ou capital, como uma montadora de automóveis ou uma farmacêutica.

– O senhor poderia dar um exemplo sobre como o Atacado São Jorge poderia reduzir a entrada de novos concorrentes?, perguntou João.

– Para criar uma barreira para novos entrantes, o Atacado São Jorge poderia investir em seu crescimento, gerando uma economia de escala grande, que dificulte a entrada de outros atacadistas, explicou Dr. Carlos. Estes não conseguiriam o mesmo volume e não atingiriam a capacidade de estocagem e distribuição necessárias para competir com o Atacado São Jorge. Outra ação poderia ser desenvolver ações para fidelizar os fornecedores, assim, mesmo com acesso aos recursos de estoque, armazenagem e logística, o novo entrante teria dificuldade de abastecimento.

– Já para força de ameaça de substitutos, não temos problemas, pois ainda não existem substitutos para os tecidos. A não ser que a próxima moda seja a do naturismo, brincou João.

– Talvez, João, mas muitos mercados passaram por mudanças que pareciam imprevisíveis. Veja o caso das fraldas descartáveis. Quando eu era criança, só se usavam fraldas de pano, nunca se imaginaria que, algumas décadas mais tarde, elas seriam substituídas por uma fralda descartável, utilizada uma única vez. Assim, podemos imaginar tecidos descartáveis, tecidos biodegradáveis, tecidos tecnológicos, entre outras tendências, que podem não ter impacto imediato, mas devem ser monitoradas. Adicionalmente, a substituição pode ocorrer não somente no produto, mas também na atividade. Por exemplo, a função do atacado poderia ser substituída por uma compra direta das confecções com as tecelagens.

– Nesse caso, Dr. Carlos, acredito que as confecções teriam que replicar todo nosso sistema de informações, centros logísticos e estoque, o que poderia reduzir o interesse delas nessa atividade.

– Passemos agora para a análise da Rivalidade entre Empresas existentes. Deixamos esta força por último porque, apesar de representar a concorrência mais direta, a rivalidade dos *players* atuais é intensificada pelas demais. Assim, o ideal é avaliar as demais forças primeiro, e esta por último.

– Quer dizer, Dr. Carlos, que quanto maior a ameaça das demais forças, mais competição haverá entre os concorrentes atuais?

– Isso mesmo, João, concordou Dr. Carlos.

– No caso do setor atacadista de tecidos, vejo uma concorrência intensa, porém há certa regionalização, ou seja, alguns atacados estão mais focados em determinadas regiões. No caso de entrada de um novo grande cliente, como uma grande confecção, veremos uma rivalidade intensificada, quando um atacadista tenta "roubar" o pedido do outro. Nós do Atacado São Jorge preferimos não entrar nessas guerras de preço, pois acreditamos que para o longo prazo é mais sustentável. O que poderíamos fazer para trabalhar a concorrência com os demais atacados, Dr. Carlos?

– Uma estratégia que vocês poderiam adotar para se distinguir dos demais atacados é o investimento em tecnologia de informações. Hoje as empresas que têm mais informações sobre histórico, tendências e hábitos de compra de seus clientes geram melhores oportunidades de venda. Essa ação também pode ajudar na gestão do restante da cadeia, inclusive fornecedores, quais priorizar, buscando relacionamento mais exclusivo.

Depois desse encontro do Dr. Carlos com João, as atividades da etapa de avaliação do ambiente correram sem maiores problemas. Ficou combinado que na reunião seguinte, analisariam os aspectos internos da organização, para continuar a etapa de diagnóstico, e posteriormente seguiriam para a etapa de direcionamento estratégico.

Parte Teórica

O ambiente operacional é o que impacta mais diretamente a organização. É formado pelas organizações e pessoas que, no relacionamento com a empresa, poderão interferir em sua *performance*, como concorrentes, fornecedores, prestadores de serviço e clientes intermediários, e mudanças tecnológicas que possam alterar a forma de operar da organização.

Clusters são grupos de empresas que, por sua proximidade, criam uma sinergia, tanto de fabricação, quanto de comércio ou prestação de serviços.

Redes de Negócio constituem-se em arranjos compostos por diferentes negócios que mantêm vínculos e relacionamentos em alguma medida entre si, coordenadas pela estratégia de uma organização líder.

Coopetição acontece quando uma empresa compete e colabora com outras ao mesmo tempo.

Michael Porter destaca cinco forças competitivas, as quais determinam o grau da concorrência em um setor de atividade:

1. Poder de negociação dos fornecedores

Refere-se ao poder de barganha dos fornecedores em relação ao setor. São fatores determinantes do poder dos fornecedores, por exemplo, diferenciação de insumos, custos de mudança dos fornecedores e das empresas na indústria, presença de insumos substitutos, concentração de fornecedores, ameaça de integração para frente em relação à ameaça de integração para trás pelas empresas na indústria.

2. Poder de negociação dos compradores

Representa o poder de barganha dos compradores em relação ao setor. São fatores determinantes do poder dos compradores, por exemplo, concentração de compradores *versus* concentração de empresas, volume do comprador, custos de mudança, informação do comprador, possibilidade de integração para trás e produtos substitutos.

3. Ameaça de novos entrantes

Refere-se às barreiras de entrada do setor para novos concorrentes. Por exemplo, economia de escala, acesso a insumos necessários, acesso à distribuição, curva de aprendizagem.

4. Ameaça de produtos substitutos

Refere-se ao grau de exposição a uma eventual substituição do produto, ao desenvolvimento de uma nova forma de suprir a necessidade atendida pelo produto. Por exemplo: desempenho do preço relativo dos substitutos, custos de mudança, propensão do comprador a substituir.

5. Intensidade da rivalidade

Representa o grau de concorrência entre os competidores já existentes. Por exemplo, crescimento do ramo de atividade, custos fixos, excesso de capacidade ociosa, complexidade informacional e barreiras de saída.

Questões

1. *Explique como a análise da concorrência pode ajudar a determinar o caminho de uma organização.*

2. *O que é massa critica, e qual sua importância para um plano estratégico?*

3. *Mostre a semelhança entre o ambiente operacional, físico e empresarial. Indique suas principais variáveis e características.*

4. *Qual o objetivo do modelo das 5 Forças de Porter? Quais são essas forças?*

5. *Escolha um setor de atividades. Identifique exemplos de cada uma das 5 Forças e analise a competitividade desse setor.*

6. *Dê um exemplo de situação em que a competição pode ter um efeito positivo para a organização. Explique.*

7. *Por que devemos realizar a análise da intensidade da rivalidade dos concorrentes atuais de um setor depois de analisar as demais forças?*

8. *O que são* clusters, *na visão de negócios? Cite um exemplo.*

9. *Quais as diferenças entre* cluster *e Redes de Negócios? Explique.*

10. *Qual a diferença entre Coopetição e* cluster?

Aspectos Internos

7

A reunião seguinte ocorreu novamente entre João e o Dr. Carlos, a fim de discutirem os Aspectos Internos, conforme haviam combinado. João iniciou com algumas dúvidas:

– Dr. Carlos, por que em alguns livros encontramos o termo *Ambiente Interno* e em outros, *Aspectos Internos*? Não são equivalentes?

– Alguns autores utilizam como termos equivalentes, João, contudo, na minha opinião, é um equívoco não distingui-los. Quando nos referimos ao ambiente, estamos falando sobre variáveis fora do controle da organização, como valores e aspirações. Então, não podemos chamar características ou fatores internos sobre os quais a empresa pode atuar no curto prazo, como recursos físicos e eficiência operacional, de Ambiente Interno. Nesses casos, estamos nos referindo aos Aspectos Internos.

– Mas se nos dois casos estivermos nos referindo a fatores internos da empresa, por que essa diferenciação é importante?, perguntou João.

– Veja, João, a forma de pensar e analisar as variáveis é bastante distinta. Temos duas formas de pensar: a racional e a criativa/emocional. No planejamento estratégico, utilizamos as duas formas de pensar, buscando melhorar tanto a eficiência da organização, mais conectada com a parte racional, quanto a eficácia, mais voltada para a parte criativa/emocional. O livro *Manual do Planejamento Estratégico*[1] nos apresenta um quadro comparativo entre as características do Ambiente Interno e dos Aspectos Internos, esclarecendo as diferentes formas de pensar e abordar cada caso.

Dr. Carlos apresentou a João o Quadro 7.1, Comparação entre a Análise dos Aspectos Internos e do Ambiente Organizacional.

---

[1] ALMEIDA, Martinho Isnard de. *Manual de planejamento estratégico*. São Paulo: Atlas, 2010.

Quadro 7.1 Comparação entre os aspectos internos e o ambiente organizacional.

	Aspectos Internos	Ambiente Organizacional
Forma de pensar	Racional	Criativa e emocional
Campo de estudo	Ciência	Arte
O que se procura	Eficiência	Eficácia
Horizonte de tempo analisado	Presente	Futuro
Resultado da análise	Pontos fortes e fracos	Oportunidades e ameaças
Ação	A ação só depende da própria entidade	A entidade deverá adaptar-se ao futuro do ambiente organizacional
Como será montada a estratégia	Procura-se tirar vantagem dos pontos fortes e reduzir os pontos fracos	Procura-se aproveitar as oportunidades e minimizar as ameaças
Controle	Numérico (pode ser avaliado quantitativamente)	Ideias (pode ser avaliado qualitativamente)
Gestão estratégica por:	Indicadores e projetos de aperfeiçoamento	Projetos de mudança

– Acho que entendi, Dr. Carlos. Quando iniciamos o processo de Planejamento Estratégico, o senhor nos explicou que a análise do ambiente era importante para buscarmos a eficácia da organização, ou seja, "fazer a coisa certa", atender às necessidades dos *stakeholders*. E também busca-se tornar a organização mais eficiente, o que está relacionado ao melhor uso dos recursos, "fazer bem feito". Aqui entra a análise dos Aspectos Internos, certo?

– Exato, João. Por isso avaliamos os Aspectos Internos de forma mais racional, e o Ambiente Interno de modo mais criativo e emocional. Veja também que o horizonte de tempo analisado é diferente. Para os Aspectos Internos, avaliamos o presente. Quais são os recursos atuais, indicadores atuais, situação presente. Para o Ambiente Interno (e o ambiente organizacional em geral), buscamos perspectivas para o futuro, como as aspirações dos funcionários e proprietários. Outra diferença a ser destacada é o resultado da análise. No primeiro caso, identificaremos os pontos fortes e fracos da organização, pela comparação entre os pontos levantados com os concorrentes. No segundo caso, identificaremos as oportunidades e ameaças.

– Quais são as variáveis que devemos analisar então como Aspectos Internos do Atacado São Jorge, Dr. Carlos?

– Nesse caso, João, o termo mais correto seriam Fatores Críticos de Sucesso (FCS), ou seja, fatores que nos levariam a atender da forma mais adequada a missão da organização.

– Dr. Carlos, agora fiquei confuso. Já falamos sobre Massa Crítica da organização, não seria o mesmo?

– Veja, João, como falamos, Massa Crítica são as condições, recursos e ativos mínimos necessários para entrar, ou continuar no negócio. Já os Fatores Críticos de Sucesso são os fatores determinantes para cumprirmos a missão da organização com êxito. Vamos lembrar que a missão do Atacado São Jorge é facilitar a ligação entre o fabricante e o cliente de tecidos, isso por meio de uma compra e venda técnica, ou seja, com assessoria. Nesse sentido, quais seriam, na sua opinião, os fatores que levariam ao sucesso dessa missão?

– Posso citar alguns pontos de destaque, Dr. Carlos, como: conhecimento técnico dos tecidos e tendências, para assessorar as confecções e realizar as melhores compras; estoque, para atendê-las de forma ágil; vendedores bem treinados e preparados para se relacionar com os clientes, como um consultor e parceiro; compradores bem treinados, em sintonia com tendências de moda, para melhor suprir o atacado; sistema ágil de comunicação e gestão de pedidos, desde o abastecimento à entrega para o cliente; capital de giro, para dar mais prazo para os compradores.

– Excelente, João. Podemos também acrescentar as políticas de fidelização mencionadas anteriormente, tanto no relacionamento com as confecções quanto com as tecelagens. A partir da identificação dos fatores críticos de sucesso, nós devemos comparar o desempenho da organização em relação aos principais concorrentes. Os fatores em que tivermos melhor desempenho serão os pontos fortes, e os fatores em que o concorrente estiver mais bem posicionado serão nossos pontos fracos.

– Deixe-me ver se entendi, Dr. Carlos. Com relação à especialização dos nossos vendedores, por exemplo, ainda que façamos constante investimento em treinamento, eu só saberei se é um ponto forte ou fraco nosso comparando com um concorrente?

– Isso mesmo, João. Imagine que na comparação fosse identificado que os vendedores de um concorrente têm um nível maior de conhecimento. Nesse caso, o Atacado São Jorge deveria buscar informações sobre novas formas de treinamento e desenvolvimento da força de vendas, as ações atuais não seriam suficientes para garantir um bom desempenho nesse fator crítico de sucesso.

– Na reunião passada, Dr. Carlos, nós tratamos de redes de negócios. Entendi que o Atacado São Jorge lidera uma rede de negócios, que atua desde as pequenas e médias tecelagens passando pelas pequenas e médias confecções e lojas especializadas em moda. Isso interfere na análise dos aspectos internos?

– Sim, João, ao analisar a rede de negócios onde o Atacado está inserido podemos compará-la com redes de negócio semelhantes. Por exemplo, a maioria das redes de negócio de tecidos é comandada pelos grandes magazines, que têm uma política de conseguir os preços mais baixos de seus fornecedores, pois concorrem por menor preço. Já a rede de negócios liderada pelo Atacado São Jorge tem uma política de manter a sustentabilidade tanto dos fornecedores quanto dos clientes, praticando preços justos para todos. A nossa estratégia é voltada para o longo prazo, e não para resultados de curto prazo.

– Então, para fazer essa análise dos aspectos internos da rede de negócios do Atacado São Jorge, deveríamos compará-la com outras redes de negócio que também trabalhem com moda, e aí sim, para identificar os pontos fortes e fracos, devemos analisar os fatores críticos de sucesso das redes de negócio, concordou João.

– Os fatores críticos de sucesso de que falamos há pouco deveriam ser comparados entre as redes de negócio e, assim, identificar nossos pontos fracos, que deverão ser melhorados, e os pontos fortes, que poderemos aproveitar melhor, explicou Dr. Carlos.

– Entendi, Dr. Carlos. Por exemplo, no fator crítico de sucesso Capital de Giro, acredito que temos concorrentes mais bem posicionados, o que faz disso um ponto fraco nosso. O capital de giro é importante para que consigamos pagar os fornecedores com rapidez, dentro da política de fidelização e ajudar as pequenas confecções com maiores prazos de pagamento. Como estratégia, podemos identificar ativos que possam ser liquidados, como tecidos parados em estoque, máquinas ociosas ou veículos pouco utilizados, para gerar maior capital de giro. Já nos fatores críticos de sucesso relacionados a conhecimento técnico e das tendências de moda, somos mais preparados do que os demais concorrentes, e nossa equipe está mais bem treinada. Uma estratégia poderia ser divulgar mais essa especialização para as confecções, mostrando que esse conhecimento técnico trará para elas um giro maior de seus produtos.

– Agora que já entendemos bem os fatores críticos de sucesso, João, gostaria de entrar em outro ponto importante para o entendimento dos aspectos internos. Vale lembrar que, nesse momento, nosso objetivo é buscar a eficiência da organização. Para isso, é importante entendermos como as diferentes áreas da organização estão se relacionando. O trabalho entre as várias áreas deve ter sinergia e criar valor. Esse valor pode ser para o cliente ou para a organização em geral.

– Poderia dar um exemplo, Dr. Carlos?

– Claro, João. Recentemente, soube que o departamento jurídico no Atacado São Jorge identificou uma mudança de legislação que facilitará a importação de tecidos de determinados países. Esse trabalho, que foi pró-ativo da área jurídica, possibilitou a redução de custos dos tecidos importados, possibilitando que o Atacado São Jorge e a sua rede pudessem trabalhar com custos menores e gerar margens melhores.

– Então podemos dizer que um fator crítico de sucesso seria a integração entre as várias áreas da empresa que não estejam preocupadas somente com sua parte do trabalho, mas sim com o resultado do negócio como um todo?

– Iria até mais longe, João. Quando pensamos em uma rede de negócios, as várias áreas da empresa devem pensar não somente no Atacado São Jorge, mas em todas as outras empresas que compõem a rede. Nesse sentido, a área financeira do Atacado São Jorge identificou há algum tempo uma nova linha de crédito do governo para as confecções, e além de divulgar para estas, as assessorou no processo de solicitação do crédito. Isto ajudou a gerar valor para essas empresas e, consequentemente, para toda a rede de negócios.

Com o conteúdo da reunião, João pôde seguir as atividades de análise dos aspectos internos com o Sr. José e Antônio. Ficou combinado que no encontro seguinte todos estariam presentes. Nesse encontro, discutirão as grandes linhas estratégicas que o Atacado São Jorge deverá seguir no médio e longo prazo para, posteriormente, detalharem objetivos e ações específicas.

Sinergia é uma medida de eficiência quando juntam-se dois esforços indepen-dentes. Em vez de cada um transportar dois cortes de tecido é possível que os dois juntos levem dezesseis.

Parte Teórica

Aspectos Internos são características ou fatores internos à organização sobre os quais a empresa pode atuar no curto prazo, como recursos físicos e eficiência operacional.

Ambiente interno da organização é a parte humana e incontrolável da empresa que torna a organização capaz de transformar a matéria-prima, ou informações, gerando resultados. Suas principais variáveis são os valores e aspirações dos funcionários e proprietários. Alguns auto-res chamam de Ambiente Interno o que neste livro está sendo chamado de Aspectos Internos.

Fatores Críticos de Sucesso (FSC) são características desenvolvidas em uma organização que possibilitam o melhor cumprimento de sua missão. Esses fatores são identificados quando se analisam os aspectos internos. São os fatores que levam uma organização ao sucesso e são considerados chave, ou seja, cujo desenvolvimento será determinante e principal responsável para que esta se sobressaia em relação a outras organizações.

Redes de Negócio constituem-se em arranjos compostos por diferentes negócios que man-têm vínculos e relacionamentos em alguma medida entre si, coordenadas pela estratégia de uma organização líder.

Questões

1. *O que são Fatores Críticos de Sucesso? Cite uma organização conhecida, e exem-plifique três fatores críticos de sucesso em seu negócio.*

2. *Quais as principais diferenças entre Ambiente Interno e Aspectos Internos?*

3. *É possível identificar Fatores Críticos de Sucesso para uma rede de negócios? Explique.*

4. *Identifique estratégias que possam fortalecer a fidelização em uma rede de negócios.*

5. *Explique por que a análise do ambiente interno está mais voltada para a eficácia da organização, enquanto a análise dos aspectos internos está mais voltada para a eficiência.*

6. *Qual a diferença entre Massa Crítica e Fatores Críticos de Sucesso? Dê um exemplo.*

Direcionamento Estratégico

8

A reunião para estabelecer o direcionamento estratégico foi diferente das anteriores, pois tanto o consultor quanto o proprietário e seus filhos preferiram reunir-se fora da empresa, para não serem interrompidos. Para isso, alugaram uma pequena sala de reuniões em um hotel. O dia da reunião foi uma sexta-feira (escolhida por votação), pois o Sr. José preferia que a reunião fosse no domingo, para não atrapalhar o serviço.

Quando Dr. Carlos chegou ao hotel combinado, já estavam lá o proprietário e seus filhos. João estava carregado de material, e podia-se ver que não eram apenas os estudos das etapas anteriores do planejamento estratégico, pois havia também alguns livros e apostilas.

Ao iniciar a reunião, João mencionou que gostaria que gastassem as duas primeiras horas para discutirem alguns aspectos teóricos da estratégia, de forma que o rendimento da reunião fosse o melhor possível. Todos aceitaram a proposta, mesmo porque se via que João havia se preparado com materiais teóricos, e que teria, de uma forma ou de outra, que expô-los durante a reunião.

João iniciou a exposição, pedindo ao consultor que lhe ajudasse, caso algo estivesse incorreto. O primeiro ponto mencionado foi sobre o objetivo da reunião:

– O objetivo desta reunião é traçarmos, ainda que de forma simplificada, a estratégia que o Atacado São Jorge deverá seguir. Para isso, já fizemos uma análise do caminho que o Atacado São Jorge vem seguindo, quando avaliamos a estratégia vigente. Comparamos a Missão e a Vocação com o que realmente fazemos, que é o Campo de Atuação, visualizando o que necessitamos cortar ou acrescentar em nossas atividades. Depois, fizemos a análise do ambiente, podendo identificar as oportunidades e ameaças que o Atacado São Jorge tem pela frente. Por fim, analisamos os aspectos internos, que nos mostrou nossos pontos fortes e fracos.

– O que faremos hoje é *relacionar tudo aquilo* que consideramos importante nos exercícios anteriores e traçar o melhor caminho para o Atacado São Jorge. Estou certo Dr. Carlos?

– Sim, respondeu o consultor. Está perfeito, mas é necessário acrescentar que a estratégia não sairá pronta desta reunião, sendo depois necessário avaliarmos se aquilo que idealizamos é viável.

– Caso tenhamos opiniões ou pontos divergentes na elaboração da estratégia, Dr. Carlos, como iremos proceder?, perguntou Antônio.

– Veja, Antônio, para isso, vamos definir claramente os papéis nesta reunião. O João, que preparou a etapa diagnóstica e o material de embasamento para que todos "falem a mesma língua", será o coordenador da reunião. As decisões estratégicas deverão ser tomadas por consenso, ou, em caso de divergências, caberá ao Sr. José decidir, por ser a maior autoridade da empresa. Como falamos anteriormente, o Planejamento Estratégico só será efetivamente implementado com o apoio da liderança.

– É claro, mencionou Antônio. Teremos que passar pelas etapas de quantificação dos objetivos e finalização, para que a estratégia seja concluída. Depois, teremos que divulgá-la, preparar a organização, integrá-la com o plano tático (o nosso orçamento) e, finalmente, acompanhá-la para que a implementação esteja correta.

– Voltando à minha exposição inicial, mencionou João, gostaria de explicar o que é sinergia e sua importância para a escolha da estratégia.

Sinergia é um resultado marginal conseguido quando aliamos dois esforços independentes (distintos) que se complementam. Este efeito poderá ser positivo ou negativo, à medida que estes esforços se ajudem ou se atrapalhem.

O estabelecimento do Direcionamento Estratégico normalmente ocorre em uma reunião, sendo importante a participação da maior autoridade da empresa e de um coordenador para que seja possível a estruturação e formalização das ideias.

– Está certo isso que João está dizendo? – interrompeu o proprietário, perguntando ao consultor.

– Sim, está certo, respondeu Dr. Carlos, mas é necessário que expliquemos com exemplos para que fique mais claro. O efeito sinergético é aquilo que é conhecido como 2 + 2 = 5, ou seja, se uma empresa vende 2 e a outra o mesmo, ao juntarmos as duas, a venda global poderá ser 5.

– Mas a venda conjugada poderá também ser de 3?, questionou o proprietário.

– Sim, voltou o consultor, isso seria o que João mencionou como sinergia negativa. Mas é importante compreender o que leva uma empresa a ter sinergia positiva ou negativa. Um exemplo simples seria a economia de escala que pode ocorrer na fabricação de um produto. Assim poderíamos ter dois fabricantes de um mesmo produto, que, juntando seus capitais, conseguem comprar uma grande máquina, que, embora custe o dobro do que eles tinham, produza o triplo.

Outro exemplo, para o Atacado São Jorge seria a utilização do mesmo canal de vendas. Assim, se o Atacado São Jorge passar a vender botões, o vendedor, na mesma visita ao cliente, poderá vender o tecido e o botão, economizando seu tempo.

– E no caso de o Atacado São Jorge resolver vender papel, perguntou Antônio, provavelmente haveria uma sinergia negativa, pois o vendedor teria de visitar clientes distintos e conhecer produtos sem uma relação entre si.

– Dessa forma, voltou João, é importante, ao escolhermos uma estratégia para o Atacado São Jorge, que esta represente, sempre que possível, algo que ajude nossos produtos atuais. Se vendermos papel, dificilmente um cliente deste produto irá procurar-nos para comprar tecidos, e vice-versa. Mas, se vendermos botões, essa relação será compreensível. Para continuar a nossa discussão teórica inicial, gostaria de mencionar alguns tipos de estratégias que selecionei:

- Integração vertical
- Integração horizontal
- Economia de contenção
- Desinvestimento
- Liquidação
- Penetração no mercado
- Desenvolvimento de produtos dentro do mercado atual
- Desenvolvimento de novos mercados para o produto atual
- Diversificação
- Concentração
- Retração
- Inovação.

– É preciso mencionar, interveio Dr. Carlos, que as classificações de estratégias têm principalmente valor didático, contudo ao escolhermos um caminho para o Atacado São Jorge, provavelmente estaremos misturando algumas destas estratégias. Por outro lado, essas classificações podem ter aspectos semelhantes entre si.

– Bem, retornou João, gostaria agora de discorrer um pouco sobre os doze tipos de estratégia que selecionei.

A integração vertical é uma forma de crescimento pela produção de suas próprias matérias-primas ou seus produtos acabados. Haveria integração vertical no nosso caso se passássemos a produzir tecidos. A vantagem é que a nossa fábrica já teria seu próprio mercado.

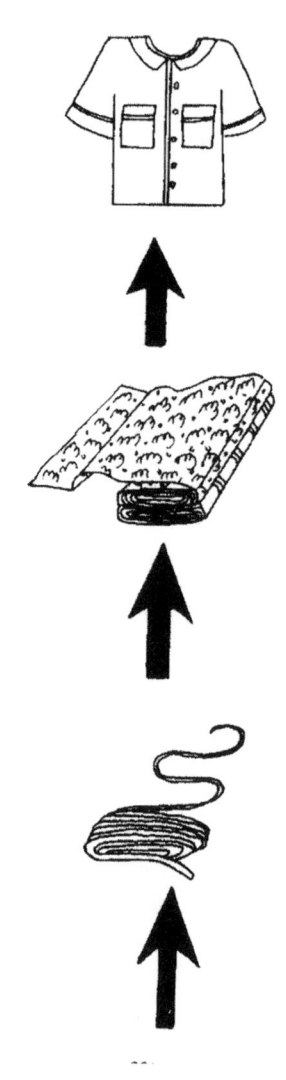

A integração vertical ocorre quando a empresa passa a ser cliente dela mesma, podendo ter uma integração desde a produção da matéria-prima até o produto acabado.

– Mas a desvantagem, interrompeu Dr. Carlos, é que, se tivermos um problema, seja na produção ou nas vendas, as duas partes serão afetadas.

– Um exemplo mais viável, mencionou Antônio, seria aquela nossa ideia de montarmos uma confecção, que teria o mesmo risco mencionado pelo Dr. Carlos.

– Interessante notar, observou o consultor, que a integração vertical pode ser na direção do consumidor ou do produtor. Existem empresas que alcançam vários degraus da integração vertical. No Brasil, um exemplo seria a Companhia Melhoramentos, que planta as árvores, faz o papel e imprime os livros; se passar a operar livrarias, terá uma integração vertical completa.

– A integração horizontal, retomou João, acontece quando a empresa passa a oferecer produtos ou serviços complementares àqueles oferecidos anteriormente.

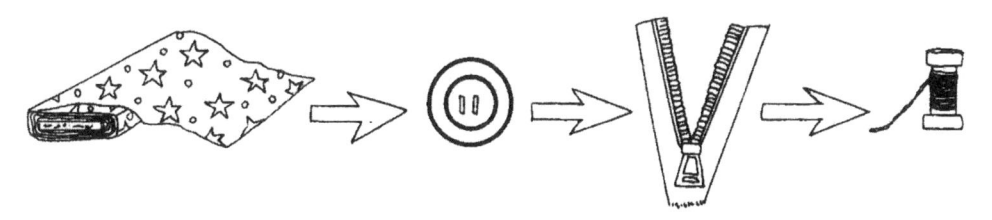

A integração horizontal ocorre quando a empresa passa a oferecer produtos complementares aos seus. Um alfaiate compra, além do tecido, botão, zíper e linha. Por que não aproveitar o mesmo vendedor para vender esses outros produtos?

– Seria o caso de o Atacado São Jorge passar a oferecer os botões que foram mencionados, linhas, zíperes, entretelas etc., observou o proprietário.

– Economia de contenção, retornou João, embora pareça redundante, significa o corte de despesas não essenciais ao seu funcionamento.

– É o caso típico de empresas que começam a cortar cafezinhos, fotocópias, despesas com motoboys, secretárias etc., observou Antônio.

– É preciso observar, mencionou Dr. Carlos, que essa estratégia costuma ser adotada em uma época de crise, seja da empresa ou do mercado em que esta atua, de forma a evitar um prejuízo maior.

– Ou pode ser pão-durismo do dono, interviu Antônio.

– Nesse caso, interveio o consultor, seria miopia da direção da empresa que escolhe seguir uma economia de contenção por pão-durismo, pois é claro que um diretor pode muito bem cuidar da organização de suas viagens e outras atividades de secretaria, mas seu salário é muito alto para isso.

– Viu o que ele disse, Antônio brincou com seu pai.

– O Atacado São Jorge não é uma multinacional, respondeu o proprietário, que pode esbanjar dinheiro com mordomias, como carro novo todo ano, táxi aéreo para ir ao interior e outras ideias que vocês têm.

– Está certo, concordou Dr. Carlos, devemos distinguir os níveis de gastos com benefícios e *status* que as empresas podem oferecer em razão de seu porte, necessidade de se fazer representar bem etc.

– Nesse caso, mencionou João, conheço um gerente de uma multinacional que vive almoçando nos melhores restaurantes por conta da empresa, mas quando é com a família, mal vai a uma *pizzaria*. Mas voltando aos tipos de estratégias, temos a continuação da economia de contenção, que seria a estratégia de desinvestimento e liquidação. No primeiro caso, podemos reduzir uma atividade da empresa vendendo os ativos fixos relacionados a ela, e, no segundo caso, estaremos vendendo tudo e liquidando a empresa.

Na estratégia de desinvestimento, a empresa vende uma parte dos seus negócios, podendo usar estes recursos para investir nos negócios que ficaram, ou entrar em outros negócios.

– É preciso observar, mencionou Dr. Carlos, que uma estratégia de desinvestimento em uma grande organização pode ser aplicada em um setor, enquanto em outro poderá haver investimento.

– Da mesma forma, observou Antônio, um conglomerado de várias empresas poderá ter como estratégia liquidar uma delas, ao passo que se estaria investindo em outras.

– Os quatro tipos de estratégias seguintes que selecionei, mencionou João, dizem respeito ao que Ansoff chama de vetor de crescimento. Para melhor entendimento, é importante visualizar o quadro a seguir (Quadro 8.1):

Quadro 8.1 Vetor de crescimento.

PRODUTO MERCADO	ATUAL	NOVO	
ATUAL	PENETRAÇÃO NO MERCADO	DESENVOLVIMENTO DE PRODUTOS	SINERGIA DE MERCADO
NOVO	DESENVOLVIMENTO DE MERCADOS	DIVERSIFICAÇÃO	
	SINERGIA DE PRODUTO		

– No Quadro 8.1, podemos identificar as quatro estratégias mencionadas, sendo que a penetração no mercado consiste em crescer com o mesmo produto no mesmo mercado.

– É importante, interrompeu Dr. Carlos, relacionar este vetor de crescimento com o conceito de sinergia que João apresentou no início da reunião, pois se ampliarmos as vendas de um produto no mercado em que este já atua ou em um novo mercado, teremos sempre sinergia, porque já conhecemos o produto.

– O senhor poderia dar um exemplo?, solicitou o proprietário.

– Claro, respondeu o consultor, tomemos como exemplo o amido de milho, que, embora seja um produto alimentício, é indicado por alguns pediatras como um substituto do talco para ser usado nos nenês. Se a Refinação de Milho Brasil, que produz a Maizena®, resolver crescer com seu produto para esse novo mercado, ela terá a facilidade de já dominar o produto.

– E como aconteceria o efeito de sinergia nesse caso?, perguntou José.

– Nesse caso, respondeu Dr. Carlos, se a empresa fosse montar uma fábrica de talco, teria de aprender toda a tecnologia do produto, o que o tornaria mais custoso; por meio do mesmo produto (amido de milho/Maizena®) poderá também alcançar uma economia de escala, que provavelmente barateará o custo do amido de milho vendido atualmente para alimentação.

– No caso de utilizarmos o mesmo mercado, retomou João, seja para os mesmos produtos, ou produtos novos, estaremos utilizando nossa experiência com esse mercado.

A estratégia de desenvolvimento de mercado consiste em utilizar um produto cuja fabricação a empresa já domina para ingressar em outro mercado, como seria se a Maizena® passasse também a ser vendida como talco infantil.

– No caso do Atacado São Jorge, observou Antônio, seria um exemplo de penetração no mercado se *abríssemos filiais,* e de desenvolvimento de produtos, se passássemos a vender botões, linhas, zíperes etc.

– Qual seria a diferença entre a integração horizontal e o desenvolvimento de produtos dentro do mercado atual?, perguntou José.

– Realmente, são classificações de estratégias muito semelhantes, respondeu Dr. Carlos. A distinção está em que a integração horizontal se preocupa com a complementaridade dos produtos. É o caso do dono de um posto de gasolina que também passa a fornecer serviços de troca de óleo, lavagens etc. Por outro lado, se o dono de um posto de gasolina usar a estratégia de desenvolvimento de novos produtos dentro do mercado atual, ele passará a vender cigarros, gelo, carvão etc.

– A estratégia de diversificação, retornou João, não apresenta um elo comum, seja com o produto, seja com o mercado, o que poderá resultar em uma ausência de sinergia ou até em uma sinergia negativa.

– Por que então as empresas se diversificam?, perguntou José.

– As grandes empresas, respondeu o consultor, normalmente se diversificam para reduzir o risco de operar em um só mercado. Por outro lado, as pequenas e médias empresas, normalmente, quando se diversificam é para aproveitar uma oportunidade.

A estratégia de diversificação ocorre quando a empresa passa a vender um produto que não tem relação com seu produto atual, seja quanto à produção seja quanto à clientela.

– Nesse caso, retornou o proprietário, existem muitas empresas que se metem em negócios que não conhecem e acabam quebrando. É o caso de um cliente nosso que ia muito bem fazendo cortinas, até que apareceu um conhecido que lhe vendeu uma empresa de *software*. Imaginem o Manuel vendendo programas de computador como estava acostumado a vender as cortinas! Não podia dar certo!

– Esse é um caso, interviu João, em que não havia uma estratégia definida, o que seria diferente de assumir um caminho para diversificação.

– Quer dizer, perguntou Antônio, que a estratégia de diversificação só é válida para empresas grandes?

– De forma geral, sim, respondeu Dr. Carlos, pois será muito difícil em uma empresa pequena o dono envolver-se em dois ou mais mercados que não tenham nenhuma relação. Seria diferente, se, no caso do exemplo do Manoel, ele tivesse um filho que entendesse de Sistemas, e o Sr. Manoel entrasse só com o capital. A empresa estaria diversificando-se de uma forma independente, evitando, assim, a sinergia negativa.

– E o que seria uma estratégia de concentração?, questionou o Sr. José.

– A estratégia de concentração, respondeu o consultor, é o caminho que a organização pode ter para manter seus negócios em atividades que exijam alto volume de recursos financeiros.

– Certamente não é o caso do Atacado São Jorge, brincou João.

– Sim, continuou Dr. Carlos. A grande vantagem é que a empresa estará menos sujeita ao ataque da concorrência, pois é muito difícil a criação de uma nova empresa com uma grande concentração de capital.

A empresa que utiliza a estratégia de concentração se vale de seu alto volume de recursos financeiros para atuar em atividades nas quais outras empresas menores não teriam possibilidades de entrar.

– O senhor poderia nos dar um exemplo?, solicitou Antônio.

– Claro, respondeu Dr. Carlos. Como exemplo, teríamos as siderúrgicas, empresas de produção de petróleo, energia elétrica etc.

– Interessante notar, observou José, que no Brasil, normalmente, as empresas que têm estratégia de concentração são ou foram estatais.

– Não é por acaso, mencionou Dr. Carlos, pois muitas vezes não há empresas dispostas a investir grandes capitais em atividades essenciais para o desenvolvimento do país, e nesse caso o governo precisa intervir na economia, criando as estatais.

– Mas com o tempo, interviu João, o Estado tem que passar as entidades empresariais para a iniciativa privada.

– É claro que não estamos querendo discutir a política do governo, mencionou Dr. Carlos, mas a transferência de grandes empresas estatais para a iniciativa privada só será possível com a capitalização da iniciativa privada e com a opção da iniciativa privada de seguir a estratégia de concentração de capital.

– Mas e a estratégia de retração, questionou o proprietário, não seria a mesma coisa que a estratégia de desinvestimento?

– Não exatamente, respondeu Dr. Carlos, pois na estratégia de retração a empresa estará preocupada em reduzir seus negócios, não vendê-los. Seria o caso de uma empresa que, por exemplo, deixa de investir em propaganda e promoção, visando reduzir os seus negócios, mas não extingui-los.

Na estratégia de retração, a empresa reduz seus negócios, podendo, por exemplo, reduzir gastos com propaganda.

– Isso costuma ser uma estratégia temporária?, questionou Antônio.

– Exato, respondeu o consultor, pois dificilmente uma organização tem como objetivo em longo prazo reduzir seus negócios. O que normalmente levaria a essa estratégia seria uma insegurança da empresa em relação a seus negócios, motivada, por exemplo, por crise no mercado, ou crescimento excessivo que tenha levado a empresa a um risco de liquidez

– Poderá ser também, ponderou José, que a empresa tenha lucratividade maior como uma empresa menor, pois nem sempre há um resultado marginal quando se cresce. Tomemos o nosso caso. Se o Atacado São Jorge dobrar as vendas, será necessário alugar novo depósito, escritórios regionais etc. o que poderá eventualmente consumir a receita extra e até uma parte do lucro que teríamos vendendo o dobro do volume atual.

– É, brincou João, não valeria a pena trabalhar mais para ganhar menos. Mas tenho certeza de que este efeito não aconteceria no Atacado São Jorge.

– Voltando aos tipos de estratégia, retornou José, o que seria a estratégia de inovação?

– A estratégia de inovação, respondeu Dr. Carlos, seria para aquela empresa que quer estar sempre na frente, seja pela aquisição de uma tecnologia mais avançada, seja pela criatividade própria.

Na estratégia de inovação, a empresa protege seus negócios estando sempre na frente, seja em tecnologia, moda etc.

– Isso também seria uma forma de dar maior segurança à empresa?, questionou o proprietário.

– Exato, respondeu Dr. Carlos, pois se a empresa estiver constantemente inovando, ela não sofrerá a mesma pressão da concorrência.

– Seria o caso dessas confecções que estão sempre lançando a última moda, comentou Antônio. Elas podem ter um custo mais alto para se atualizarem com as novidades do resto do mundo, ou até criarem modelos novos, mas esse custo adicional será recompensado pelos preços mais elevados de seus produtos ou pelo seu maior volume de venda.

– João, puxando outro livro, observou:

Mas existem também as 3 Estratégias Genéricas de Porter, que são: (1) Liderança no custo total; (2) Diferenciação e (3) Enfoque. A primeira estratégia está alinhada à busca de eficiência. É apropriada para produtos que não apresentam diferenciação (*commodities*). No nosso segmento, seriam os tecidos lisos (sem desenhos e de uma única cor). Um atacado, para conseguir a Liderança no custo necessita de um alto volume vendas para ter escala e, consequentemente um alto capital, que infelizmente não é o nosso caso. A segunda estratégia é a procura de um produto que seja único em seu setor de atividades. Essa estratégia pode exigir um grande investimento, e não se deve esperar uma parcela elevada do mercado, embora obtenha um "preço prêmio" pela diferenciação. A terceira estratégia é a do Enfoque, que se concentra somente em um segmento particular do mercado. Nessa estratégia, pode-se também procurar a diferenciação ou a liderança de custos dentro do segmento escolhido.

– Bem colocado, João. As estratégias genéricas de Porter se diferenciam por oferecer para a empresa um direcionamento mais geral, uma reflexão para orientar a organização, enquanto as demais representam mais uma classificação de decisões estratégicas. Esse direcionamento pode ser mais voltado para eficiência, no caso da Liderança de Custos, em que toda a organização priorizará sempre a realização das atividades com o menor custo. Pode também ser mais voltado para a eficácia, dentro da estratégia de Diferenciação, que priorizará atender a necessidade do cliente da melhor forma, não necessariamente a mais barata, sendo compensado por uma margem maior.

– Em nosso caso, disse José, entendo que o Atacado São Jorge busca a estratégia de diferenciação, pois sempre procuramos oferecer novidades, os melhores tecidos e um atendimento especializado.

– Perfeito, Sr. José. Agora, dentro da estratégia genérica de Diferenciação, o Atacado São Jorge pode definir seus caminhos, que serão traduzidos em estratégias específicas, como as mencionadas anteriormente, complementou, Dr. Carlos. As estratégias genéricas de Porter são sempre em relação ao segmento em que a empresa atua, sendo particularmente importante para situar a empresa em seu segmento, sem contrariar em nada as estratégias que discutimos anteriormente.

– Pelo contrário, disse João, as estratégicas genéricas de Porter orientam as decisões que podemos tomar, discutidas no início desta reunião. E neste sentido, vale lembrar que a estratégia deve ser pensada considerando toda a rede de negócios da organização, não somente na empresa de forma isolada.

– O que é importante deixar claro nesses tipos de estratégia, comentou o consultor, é que não existe um tipo de estratégia mais adequado para todas as empresas. O que é preciso é achar a estratégia ou o conjunto de estratégias que, naquele momento, sejam mais adequadas para a empresa que está sendo estudada.

– Antes de entrarmos nas técnicas de formulação de estratégias, retomou João, gostaria de entender melhor um ponto que não me ficou claro em relação ao processo de estabelecimento da estratégia. Minha dúvida é: devemos partir dos objetivos para chegar à estratégia, ou, a partir do estabelecimento do rumo que a empresa deverá seguir é que determinaremos os objetivos que poderão ser alcançados?

– É um pouco como aquela velha questão: quem nasceu primeiro, o ovo ou a galinha?, respondeu Dr. Carlos. Mas é importante lembrarmos que, para chegar até aqui fizemos todo um processo de discussão da orientação da organização (Visão, Missão, Vocação), e Diagnóstico (Análise do Ambiente e Aspectos Internos). Por isso, na minha metodologia de trabalho, costumo iniciar montando um direcionamento estratégico, que é o que vamos fazer hoje, para, em seguida, determinar, *grosso modo*, os objetivos que deveríamos alcançar. Depois, em outra etapa, os objetivos serão quantificados para verificar sua possibilidade real.

– Li outro autor, comentou João, que dizia que a estratégia servia para chegar aos objetivos, ou seja, os objetivos eram definidos antes da estratégia. Por que sua abordagem é diferente, Dr. Carlos?

– Em primeiro lugar, a empresa não deixa de ter um grande objetivo, quando determina sua visão, o que é importante para nortear todo o plano estratégico. Mas somente com a visão corre-se o risco de criar objetivos irrealizáveis, sendo que quando trabalhamos o diagnóstico podemos sentir melhor a possibilidade de atingir um objetivo. Por exemplo, se identifico que tenho um ponto fraco no processo de vendas e ao corrigir este ponto conseguirei ampliar o volume vendido, isso me ajudará a identificar um objetivo mais realista. Outro exemplo seria com relação à identificação de uma oportunidade, como quando vocês passaram a trabalhar com tecidos importados, o que possibilitou a colocação de objetivos mais ambiciosos de venda. Ter estabelecido o objetivo maior sem explorar antes as oportunidades e definir a estratégia teria sido pouco efetivo e teria gerado descrédito da força de vendas.

– De nada adianta, ponderou o proprietário, colocarmos como objetivo do Atacado São Jorge atingir um lucro líquido anual, daqui a cinco anos, de dez milhões de dólares, se hoje, quando muito, alcançamos o equivalente a um milhão de dólares por ano. Acredito, por isso, que o Dr. Carlos tem razão. Teremos, inicialmente, que discutir os caminhos que deveremos seguir, pois já está implícito nas alternativas que escolhemos, que deveríamos procurar a melhor alternativa para o Atacado São Jorge, levando em conta lucratividade e risco.

– Mas então, perguntou Antônio, qual será a utilidade dos objetivos?

– Os objetivos, respondeu o consultor, servirão para mostrar aquilo que podemos esperar da organização e também para balizar os planejamentos ao longo do tempo.

– E as metas?, questionou João.

– As metas, retornou o consultor, refletem a segmentação dos objetivos, contendo indicação de valores, quantidades e datas mais próximas e mais precisas do que os objetivos, e também facilitarão a visualização daquilo que estamos esperando e ajudará na realização do planejamento de curto prazo (orçamento).

– O senhor poderia dar um exemplo?, solicitou o proprietário.

– Claro, respondeu Dr. Carlos. Se for estabelecido como objetivo dobrar as vendas de tecidos importados nos próximos 4 anos, poderemos ter como meta o crescimento de 25% neste ano.

– Para dizer a verdade, mencionou José, no início estava acreditando que existiria um pouco de sonho no trabalho de desenvolvimento de um plano estratégico, mas cada vez mais estou sentindo que o trabalho é feito com os pés no chão.

– Quer dizer, brincou Antônio, que posso tirar da cabeça aquela ideia de tirar férias permanentes em Paris?

– Voltando ao trabalho, mencionou João, gostaria de pedir a opinião do Dr. Carlos sobre uma técnica de carteira de produtos do BCG *(Boston Consulting Group),* para escolha da estratégia dos produtos. Essa técnica se baseia no pressuposto de que quanto maior a participação do produto no mercado, menor será o custo em relação à concorrência, e assim sua geração de caixa será maior. Por outro lado, quanto maior for o crescimento do produto, mais ele consumirá de caixa. Com base nesses dois pressupostos, é montado um quadrinho de quatro alternativas, conforme o desenho a seguir (Figura 8.1).

Figura 8.1 MATRIZ BCG

– Dessa forma, continuou João, um produto que tenha baixa participação no mercado, mas com um custo alto, poderá também ter baixo crescimento, o que seria classificado como um produto "cachorro", ou "abacaxi", sendo em principio recomendado, do ponto de vista estratégico, sua eliminação. Se tiver um crescimento alto, será um produto "ponto de interrogação", ou seja, não será possível definir com clareza o caminho que ele seguirá.

Por outro lado, se o produto tiver alta participação no mercado, o que significaria custo baixo, poderá ter baixo crescimento, o que levaria a gerar caixa ("saquinho de dinheiro", ou "vaca leiteira") para ser investido em outros produtos. Se o crescimento também for alto, será um produto "estrela", que poderá, no futuro, ser gerador de caixa, ou até tornar-se um consumidor de caixa.

– Essa técnica, observou o consultor, é válida somente para produtos que tenham um ciclo de vida mais conhecido e, mesmo assim, devemos usá-la somente como um indicador do que seria recomendado fazer, e não como determinante, pois as variáveis estratégicas não podem ser quantificadas como um problema matemático.

Segundo o BCG, quanto maior o crescimento de um produto, mais consumirá caixa, e, quanto maior for sua participação no mercado, mais gerará caixa.

– Se as estratégias pudessem ser estabelecidas de forma determinística em função do comportamento dos produtos, brincou Antônio, os consultores perderiam o emprego.

– E os diretores também, respondeu Dr. Carlos, pois o diretor é aquele que dirige a empresa, ou seja, que escolhe a estratégia a ser seguida. Caso a direção da empresa pudesse ser feita por fórmulas matemáticas, os diretores seriam somente gerentes, ou seja, aqueles que gerenciam o dia a dia da empresa.

– Como a estratégia é algo que não pode ser escolhida de forma determinística, ponderou Antônio, significa que estaremos sempre assumindo uma dose de risco.

– Sim, é claro, respondeu o consultor o que estamos fazendo ao desenvolver um plano estratégico é conhecer melhor não somente os riscos, mas também as oportunidades, e procurar direcionar a empresa para o melhor caminho possível dentro dos pontos fortes e fracos da empresa, das informações de que dispomos e das intuições que vocês, como dirigentes da empresa, têm. Assim, o fator sorte ou azar permanecerão, embora em menor grau, depois do plano estratégico, bem como a arte de dirigir a empresa que poderá ser aperfeiçoada com as técnicas de planejamento estratégico.

– Pronto, brincou Antônio, já fui promovido de cargo de diretor do Atacado São Jorge para o de artista e, o que é pior, com toda a responsabilidade se o plano der certo ou errado.

– Eu sou apenas um consultor, respondeu Dr. Carlos, e procuro indicar apenas as técnicas administrativas, pois as decisões são totalmente de responsabilidade da diretoria.

– Voltando às técnicas de estabelecimento da estratégia, mencionou João, gostaria de também ouvir a opinião do Dr. Carlos a respeito do trabalho sobre força diretiva.

– O conceito de força diretiva, respondeu Dr. Carlos, é também uma tentativa de direcionar o pensamento estratégico para alternativas.

Segundo a técnica de "Força Diretiva", as empresas têm, pelas suas características, uma força que pode dirigir suas estratégias.

Devemos encarar essa técnica como um subsídio (não uma determinante) que possa ajudar na escolha da estratégia.

– Como é que funciona essa técnica?, questionou Antônio.

– Essa técnica, respondeu o consultor, classifica algumas áreas estratégicas, por exemplo, "Mercados Atendidos". Nesse caso, a empresa que tiver esta força diretiva deverá constantemente procurar novas necessidades em seu mercado a fim de atendê-las. Outro exemplo de força diretiva seria o de "Produtos/Serviços"; a empresa continuaria a produzir produtos, ou fornecer serviços similares aos que já tem, procurando sempre novos mercados.

– Esses dois exemplos, observou o proprietário, têm muita relação com os tipos de estratégias citadas no início desta reunião: desenvolvimento de produtos dentro do mercado atual e desenvolvimento de novos mercados para o produto atual.

– Exato, concordou Dr. Carlos. Contudo, se a empresa assumisse como força diretiva "Mercados Atendidos", teria que priorizar o desenvolvimento de novos produtos que atendam ao mercado já trabalhado atualmente.

A continuação da reunião foi coordenada pelo proprietário, por ser a maior autoridade da empresa, que solicitou ao filho João tomar nota das conclusões, por ser ele o coordenador do planejamento estratégico.

Antes de tratarem das estratégias, o proprietário pediu a João que fizesse um pequeno resumo das conclusões das outras etapas anteriores do plano estratégico: avaliação da estratégia vigente, avaliação do ambiente e análise dos aspectos internos.

O debate sobre os caminhos que o Atacado São Jorge deveria seguir foi dividido pelo proprietário em Unidades de Negócio; também foram discutidas as unidades de negócio em que o Atacado São Jorge já atua.

Em linhas gerais, foi definido que seguiriam por uma estratégia voltada para diferenciação, como especialização da mão de obra e foco em tecidos de moda e importados. Trabalhariam também no fortalecimento da liderança na rede de negócios para disseminar a estratégia de diferenciação, pelo apoio aos pequenos fornecedores e lojistas na comercialização de tecidos de moda. Os objetivos e ações específicas para implementação dessas estratégias seriam sugeridos pelo João na próxima etapa, a de Quantificação dos Objetivos.

Parte Teórica

O estabelecimento do direcionamento estratégico não é algo definitivo, apenas procura-se traçar um possível caminho que valorize a utilização dos pontos fortes e evite os pontos fracos, aproveitando as oportunidades e evitando as ameaças.

Sinergia é um resultado marginal obtido quando se aliam dois esforços independentes (distintos) que se completam. Este efeito poderá ser positivo ou negativo, à medida que estes esforços se ajudem ou se atrapalhem.

Principais tipos de estratégia: Integração vertical; Integração horizontal; Economia de contenção; Desinvestimento; Liquidação; Penetração no mercado; Desenvolvimento de novos produtos; Desenvolvimento de novos mercados; Diversificação; Concentração; Retração; Inovação.

A integração vertical é uma forma de crescimento pela produção de suas próprias matérias-primas ou seus próprios produtos acabados.

A integração horizontal acontece quando a empresa passa a oferecer produtos ou serviços complementares àqueles oferecidos anteriormente.

Economia de contenção é a estratégia de redução de despesas não essenciais ao seu funcionamento.

Desinvestimento é a redução da organização pela venda de uma parte do negócio.

Liquidação é a redução da empresa ou da unidade de negócio até seu fechamento.

Penetração no mercado é a intensificação do esforço de venda do produto atual no mercado atual.

Desenvolvimento de novos produtos é o aproveitamento do mercado atual para vender novos produtos.

Desenvolvimento de novos mercados é a utilização do produto atual para entrar em novos mercados.

Diversificação é o lançamento de novos produtos em mercados novos.

Estratégia de concentração ocorre quando a organização mantém seus negócios em atividades que exigem alto volume de recursos financeiros.

Estratégia de retração pode ser observada quando a empresa reduz sua atividade sem se desfazer de seus ativos.

Estratégia de inovação acontece quando a empresa procura estar sempre na frente, seja nos aspectos tecnológicos, de moda etc., ou na aquisição, criação, ou cópia de empresas ou de países mais desenvolvidos.

As três estratégias genéricas de Porter têm como foco o posicionamento da empresa na sua indústria (segmento do mercado em que atua). A estratégia de "Liderança no Custo Total" é possível em mercados cujos produtos não apresentam diferenças significativas, sendo que a empresa, para seguir essa estratégia, deve ter um porte maior que os concorrentes, para poder abranger uma parcela maior do mercado e ter economia de escala. Na estratégia de diferenciação, deve-se procurar algo único para o produto, o que muitas vezes pode representar um elevado investimento. Na estratégia de Enfoque, procura-se atuar em apenas um segmento particular do mercado, podendo, neste segmento dirigir para liderança no custo ou para diferenciação.

A adoção de estratégias para uma empresa costuma combinar vários tipos, podendo, inclusive, utilizar diferentes estratégias para distintos segmentos da empresa.

Os objetivos servem para mostrar aquilo que podemos esperar da organização e balizar os planejamentos.

Meta é a decomposição de objetivos e deve representar resultados a serem alcançados em cada período de planejamento.

Segundo a técnica do Boston Consulting Group (BCG), para escolha da estratégia dos produtos, quanto maior a participação de um produto no mercado, menor será seu custo em relação à concorrência, o que gerará mais caixa. Por outro lado, quanto maior a velocidade de crescimento de um produto, mais recursos financeiros (caixa) ele consumirá.

A técnica de estabelecimento da estratégia através de "Força Diretiva" pressupõe que cada empresa tem uma filosofia que orienta a direção que deverá seguir.

A empresa que tem como força diretiva "Mercados Atendidos" procurará atender a um mercado, nem que para isso seja necessário o lançamento de novos produtos nesse mercado. Assim, uma empresa que atende ao mercado de produtos de limpeza poderá produzir sabão, detergentes (para lavar louças, roupas, pisos), amaciantes de roupas, alvejantes etc.

A empresa que tem como força diretiva "Produtos/Serviços" buscará desenvolver novos mercados para o produto atual. Uma empresa automobilística poderia ser classificada tendo a força diretiva de Produtos/Serviços.

Questões

1. *O que você entende como direcionamento estratégico?*
2. *Explique o que é sinergia e qual sua importância para o estabelecimento da estratégia de uma empresa.*
3. *Quando uma sinergia pode ser considerada positiva ou negativa? Exemplifique.*
4. *Exemplifique a diferença entre as estratégias de integração vertical e horizontal.*
5. *Explique as estratégias de Economia de Contenção, Desinvestimento e Liquidação.*
6. *Quais as estratégias que compõem o vetor de crescimento? Descreva-as.*

7. *As estratégias podem ser combinadas? Explique.*

8. *Como podemos relacionar o vetor de crescimento com o conceito de sinergia?*

9. *Qual a diferença entre a integração vertical e o desenvolvimento de novos produtos dentro do mercado atual?*

10. *Qual é a relação entre objetivo e estratégia?*

11. *Quais são os pressupostos nos quais o BCG se baseia para a escolha da estratégia em uma carteira de produtos?*

12. *O que seria a técnica de força diretiva? Dê um exemplo.*

13. *Por que as técnicas de concentração e inovação podem trazer uma barreira de entrada no mercado da empresa?*

14. *Qual é a diferença de uma estratégia de retração e de desinvestimento?*

15. *Quais são as três Estratégias Genéricas de Porter? Explique-as.*

Quantificação dos Objetivos e Finalização

9

Depois da reunião em que foi discutido o direcionamento estratégico para o Atacado São Jorge, era necessário que João, como Coordenador de Planejamento Estratégico, fizesse um resumo do que fora discutido. Esse resumo deveria servir como base para a elaboração da nova etapa do planejamento estratégico: a quantificação dos objetivos.

João, ao ler os apontamentos feitos durante a reunião, notou a importância de um conselho que o consultor lhe havia dado antes da reunião: "Quando a discussão mudar de assunto, é necessário que você, como coordenador, questione se as pessoas estão de acordo sobre o que você anotou".

Mas mesmo com boas anotações, João teve que procurar tanto Antônio quanto o proprietário para se certificar de que o resumo da reunião que estava fazendo não refletisse somente suas ideias, ou que tivesse deixado passar algum ponto que não tivesse sido bem discutido, pois é comum que, na hora de resumir uma reunião, sejam esquecidos os pontos menos polêmicos, que muitas vezes podem ser de grande importância.

Depois de terminar o resumo do direcionamento estratégico, João procurou o consultor para uma orientação quanto à realização da quantificação dos objetivos.

– A primeira dúvida, perguntou João ao Dr. Carlos, refere-se ao prazo para realizar o plano estratégico. Seriam 5, 10 ou 20 anos?

– O prazo para realizar o plano estratégico, mencionou o consultor, é o que costumo chamar de horizonte estratégico, porque o horizonte nos dá a ideia de até onde podemos enxergar.

– Quer dizer, questionou João, que o horizonte estratégico pode ser diferente de uma empresa para outra?

– Diria que o horizonte estratégico, completou Dr. Carlos, pode ser diferente, não só de uma empresa para outra, como até de um plano para outro na mesma empresa dependendo do tempo necessário para visualizar o caminho que a organização deverá seguir. Isso fica mais claro pela diferença entre ramos de atividades.

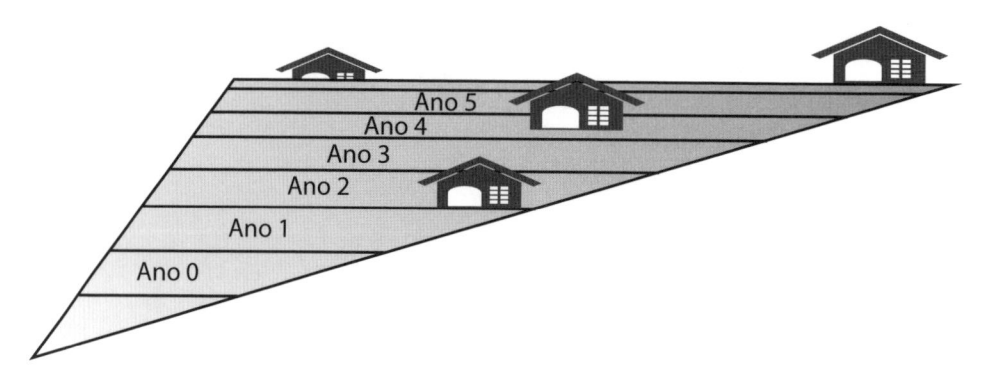

O horizonte estratégico é até onde precisamos enxergar, e isso varia conforme o ramo de negócios que estamos estudando.

– O senhor poderia dar um exemplo?, solicitou João.

– Claro, respondeu Dr. Carlos. As atividades empresariais mais inflexíveis demandam uma visão do horizonte estratégico maior, por exemplo, uma siderúrgica, uma hidrelétrica etc. Por outro lado, atividades mais flexíveis podem ter um horizonte *estratégico mais* curto, por exemplo, aquelas relacionadas com moda, negócios que aconteçam apenas durante as férias de verão etc.

– Um exemplo de uma atividade com horizonte estratégico curto, mencionou João, seria uma pessoa que, possuindo um salão, vai alterando sua utilização conforme a moda: muda de boliche para patinação, depois para danceteria etc.

– Exato, concordou o consultor. O horizonte estratégico de uma atividade de moda pode ser de, digamos, um ano, ao passo que o de uma hidrelétrica pode ser de 30 anos. No caso de uma indústria, é comum a utilização de 10 anos, tendo em vista que, na maioria das vezes, as máquinas se depreciam em 10 anos. Se bem que, com a aceleração das mudanças tecnológicas, mesmo os equipamentos industriais têm se tornado obsoletos mais cedo, o que implica um prazo menor, como 5 anos mesmo para uma indústria.

– É como se disséssemos, completou João, que para uma indústria seu horizonte estratégico vai até o fim da decisão, ou seja, se comprarmos uma máquina hoje e sua duração for de dez anos, será necessário visualizar o caminho que a organização terá na próxima década.

– Normalmente as empresas olham o horizonte estratégico, e a cada ano adicionam o ano seguinte ao plano, mantendo a mesma quantidade de anos na projeção. Imagine uma empresa que fez o plano original no ano 2000, com horizonte de 10 anos (até 2010). Quando essa empresa atualizou o Plano Estratégico no ano seguinte, fez as projeções com horizonte até 2011. Existem outras organizações que fixam dois pontos no futuro, e os mantêm durante todo o período do plano original. Seguindo o mesmo exemplo, o período pode ser alterado a cada 5 anos, com dois pontos no futuro, ano 5 e ano 10. Imagine que essa mesma empresa fez o plano original no ano 2000, com horizonte de 10 anos e um ponto intermediário adicional de 5 anos (2005 e 2010) fixos. Até 2004, ela atualizou as projeções para 2005 e 2010, como anos fixos, ou seja, foi possível comparar o que se esperava para 2005 no plano original, e a cada ano seguinte. Em 2004, alterou os pontos fixos para 2010 e 2015, e assim sucessivamente.

– Quer dizer, voltou João, que terei de fazer dois trabalhos, como se fosse um orçamento para dois pontos no futuro?

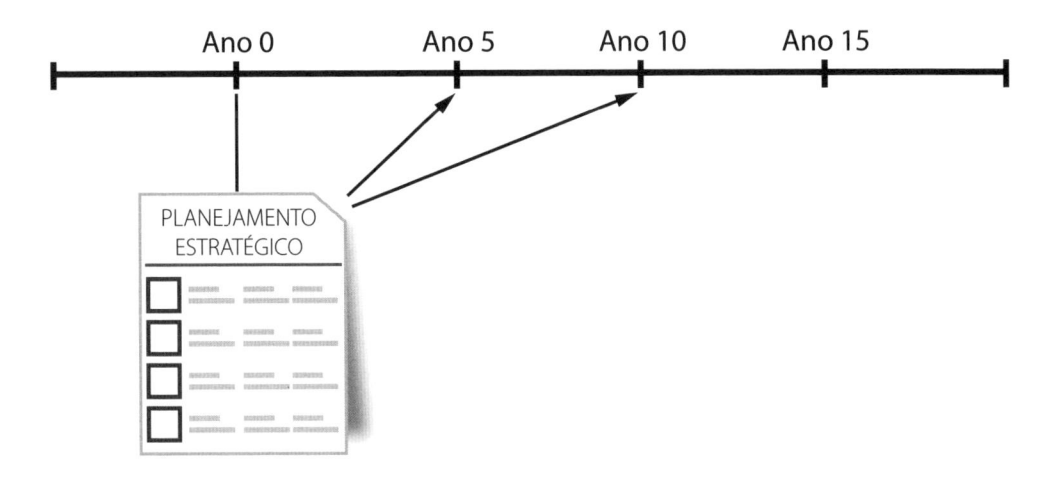

Se estou no ano zero, posso escolher dois pontos no futuro, digamos 5 e 10 para detalhar o plano estratégico e, quando chegar na véspera do ano 5, mudar para ano 10 e 15.

– Sim, respondeu Dr. Carlos, se você optar por projetar apenas dois pontos. É preciso, porém, observar que seu trabalho não será detalhado como no orçamento e que, de qualquer forma, será necessária a elaboração de um fluxo de fundos entre os anos.

– Primeiro, gostaria que o senhor me explicasse, solicitou João, por que não é necessário detalhar a quantificação dos objetivos com a mesma profundidade com que fazemos no orçamento.

– Bem, respondeu o consultor, no planejamento estratégico a quantificação dos objetivos serve para termos uma ideia se são viáveis, e no orçamento é determinado o que será feito. Os números em um plano estratégico lembram-me de uma passagem do livro *O Pequeno Príncipe*, em que o protagonista diz que as pessoas adultas adoram números e são incapazes de visualizar a beleza de uma casa unicamente por sua descrição, é preciso que mencionemos o preço.

– Está certo, mencionou João, que os números não têm a mesma importância que em um orçamento, e acredito que, em vez de estabelecermos um resultado por mês, como no orçamento, será necessário um por ano, ou até dois resultados, se escolhermos visualizar apenas dois pontos no futuro. Além disso, como poderá ser mais simples um plano estratégico que um orçamento?

– Como exemplo, mencionou Dr. Carlos, no orçamento, os produtos que o Atacado São Jorge planeja são cerca de cem tipos diferentes de tecidos e muitos deles com margens diferentes em razão dos tipos de clientes. No plano estratégico será necessário apenas projetarmos as Unidades de Negócios estabelecidas com suas margens.

– E faremos o mesmo com as despesas administrativas, operacionais etc.?, questionou João.

– Sim, respondeu o consultor. Na quantificação dos objetivos estaremos apenas verificando, *grosso modo*, a viabilidade daquilo que estamos projetando no plano estratégico. É claro que teremos de projetar uma estrutura administrativa para visualizarmos sua despesa, mas não entraremos em seus detalhes como benefícios, material de expediente etc., que poderão ser calculados como um percentual da folha.

– Não seria mais fácil, perguntou João, fazermos com os detalhes de orçamento por já estarmos acostumados?

– Você sabe, comentou Dr. Carlos, esse é um ponto para o qual encontramos muita resistência na realização de um plano estratégico. As pessoas preferem muitas vezes fazer os estudos com um grau de detalhamento desnecessário, a aprender a fazê-los de forma diferente. Autores como Mintzberg criticam, com razão, as empresas que desenvolvem pesados estudos numéricos no Plano Estratégico.

– O senhor poderia dar um exemplo?, solicitou João.

– Certa ocasião, mencionou Dr. Carlos, estávamos realizando um plano estratégico em uma grande indústria, e solicitamos à área de engenharia que nos desse uma estimativa de custos dos equipamentos necessários para as novas produções, bem como para as instalações e construções dos locais necessários. Como estavam demorando muito com a resposta, procurei saber como a área de engenharia estava fazendo. Descobri que a área, com cinco pessoas, estava há quase um mês trabalhando nisso, inclusive em finais de semana, em *layouts* das novas fábricas.

– Mas como deveria ter sido feito?, perguntou João.

– Em função das vendas estimadas, respondeu Dr. Carlos, teriam de ser projetados os equipamentos necessários e o número de metros quadrados correspondentes. Era um trabalho para ser realizado em um dia, e que, se deixássemos sem orientação, poderia ter levado meses.

– Agora, gostaria de saber, retomou João, como faremos para estabelecer um fluxo de recursos entre os anos para verificar a viabilidade do plano estratégico?

– Você precisará fazer uma interpolação, respondeu o consultor.

– Como assim?, perguntou João.

– Digamos que o lucro esperado para este ano seja de 100, mencionou Dr. Carlos, e que daqui a cinco anos seja de 200. Isso significa um crescimento de 20 a cada ano.

– *Mas é provável, discordou João, que o lucro não siga uma escala linear, pois para aumentar o lucro de 100 para 120 precisará haver um crescimento de 20%, enquanto para crescer de 180 para 200, o lucro será apenas 11% maior.*

– *Você está certo, concordou o consultor. O mais correto é fazermos uma interpolação exponencial e não linear.*

– Por outro lado, mencionou João, esse critério de interpolação poderá levar a um engano, de que o Atacado São Jorge, por exemplo, necessitaria crescer sua área de armazenamento em 100 metros quadrados por ano. Sabemos que isso não seria viável. Ou construiremos um depósito de 500 metros quadrados, ou alugaremos espaço em outro depósito até atingirmos esta necessidade, pois a administração de pequenos depósitos não é econômica.

– Está certo, esse problema precisa ser levado em conta, mencionou Dr. Carlos, mas trata-se de um aspecto que deverá ser observado nos planejamentos anuais, não na quantificação dos objetivos. No plano estratégico, estamos mais preocupados com o que deverá ser feito, e não como será feito.

– Não é difícil esta diferenciação entre o que e o como deverá ser feito, observou João.

– Daí a dificuldade, respondeu o consultor, de as pessoas fazerem um plano mais abstrato, mesmo sendo mais simples. As pessoas normalmente estão preocupadas em como será a solução.

– É verdade, observou João, eu já estava preocupado com a solução do problema de espaço de armazenagem. Por pouco já iria fazer uma tomada de preço para a construção de um depósito.

– Essa tomada de preço, retrucou Dr. Carlos, você deveria fazer mesmo, mas apenas do metro quadrado de construção de armazém. Por favor, não vá dar trabalho para um engenheiro projetar um galpão, que provavelmente só será feito dentro de alguns anos.

– Outra dúvida, perguntou João, é sobre a divisão dos trabalhos de quantificação dos objetivos, pois acredito que não devo projetar as estruturas das áreas de vendas e marketing.

– Claro que não, respondeu o consultor. É preciso distinguir seu trabalho de Coordenador de Planejamento Estratégico de sua função de Diretor Administrativo e Financeiro.

– Acredito que em uma grande empresa, observou João, o Coordenador de Planejamento Estratégico apenas faria a coordenação dos trabalhos, cabendo sua realização a cada uma das áreas.

– *Exato, respondeu Dr. Carlos. Aqui, por acaso, o coordenador é também diretor e, por isso, tem de fazer os dois trabalhos, não somente o da sua área.*

– Quer dizer que a parte da quantificação dos objetivos referentes a Marketing e Vendas deve ser passada para o Antônio?, observou João.

– Sim, respondeu o consultor, ninguém melhor do que ele para dimensionar a estrutura necessária, suas despesas promocionais, valorização, custeamento de vendas etc.

– Quanto ao custo dos salários, perguntou João, não incluiremos uma valorização real?

– É, brincou Dr. Carlos, não somente os diretores devem ganhar mais, mas também os consultores. Mas, falando sério, deve-se pensar sempre em um crescimento real das pessoas-chave da organização.

– Não são somente as empresas que crescem, observou João. As pessoas também têm que progredir.

– Não se deve esquecer, observou o consultor, das necessidades anotadas na discussão do ambiente interno da organização. Sempre que possível, as ideias dos benefícios concedidos aos funcionários deverão ter seus custos determinados.

– As ideias de benefícios são bonitas na discussão, brincou João, mas quero ver na hora de custeá-las.

– Até parece o José falando, brincou o consultor. Você não pode ficar com o bolo todo. É preciso repartir com aqueles que o ajudam a fazê-lo, senão você está se arriscando a ficar sem o bolo.

A pedido de João, o Dr. Carlos montou um pequeno quadro do fluxo das informações na realização da quantificação dos objetivos (Figura 9.1).

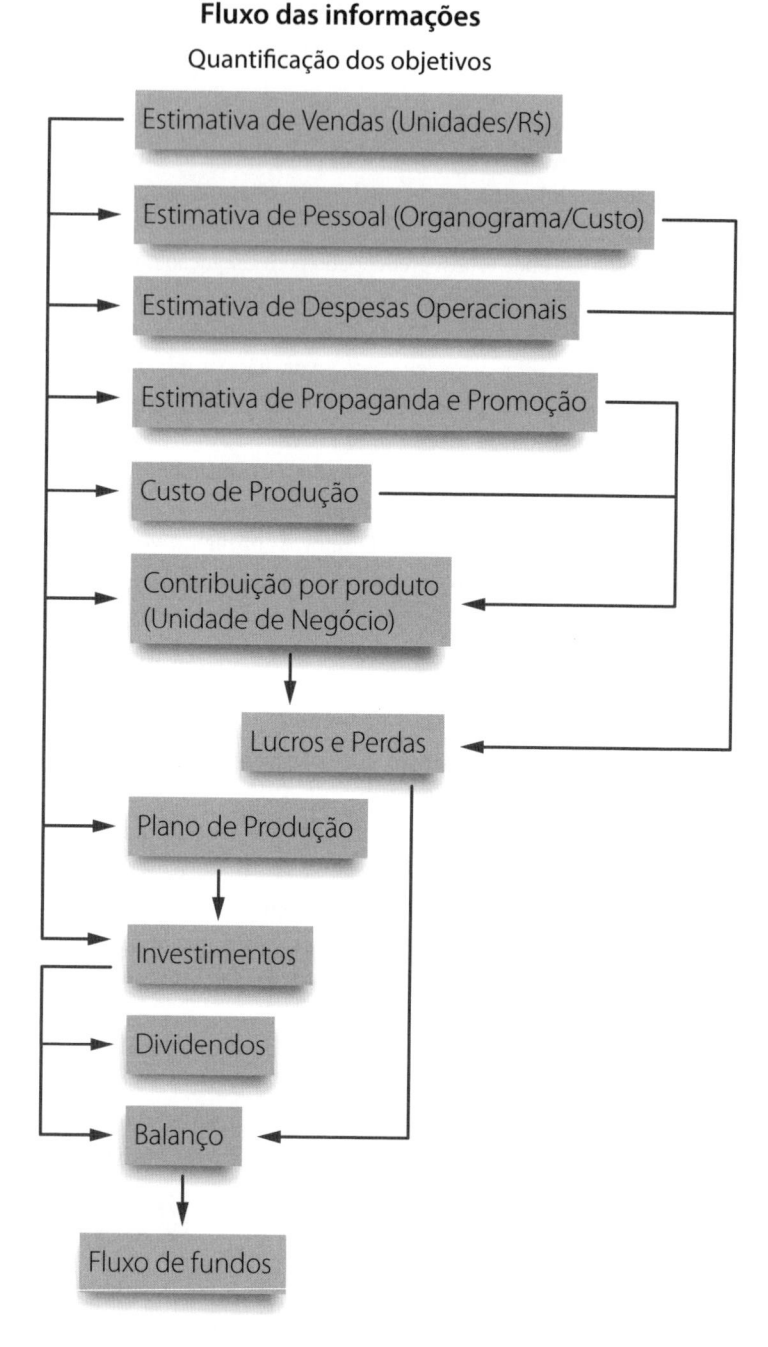

Figura 9.1 Exemplo simplificado de um fluxo de informações.

Ao visualizar o quadro, João comentou:

– Podemos verificar que esse fluxo de informações é para uma empresa industrial, pois temos o custo de produção e o plano de produção, que uma empresa comercial não tem.

– Exato, respondeu o consultor, mas retirando esses dois trabalhos, o fluxo das informações fica adequado para o Atacado São Jorge.

– Por que é necessário fazer uma estimativa de vendas em unidades e monetariamente?, questionou João.

– Se o preço do produto for constante, ponderou o consultor, será apenas uma questão de multiplicação para avaliarmos a receita dos produtos. Caso sejam estimados os aumentos ou diminuições reais dos preços, a receita deverá ser determinada para cada ano.

– Mas o plano não será feito em moeda constante?, perguntou João.

– Sim, respondeu Dr. Carlos. Contudo, é possível estimar uma alteração real no valor do produto. Como exemplo, poderá ser suposto que os tecidos importados fiquem realmente mais baratos em razão de prováveis facilidades na importação.

– Ou mais caros, interrompeu João.

– Sim, voltando o consultor, o importante é que nem sempre os preços projetados são estáveis.

– Desculpe a pergunta, disse João, mas como será possível para uma empresa que está sempre lançando novos produtos prever todas as suas novidades para os próximos anos?

– Uma indústria de bens de consumo, exemplificou o consultor, está sempre lançando produtos novos, sendo possível prever os produtos que terão seus testes iniciados dentro de um a dois anos.

– Exato, interrompeu João. Neste caso, não será possível prever os novos lançamentos que ocorrerão dentro de três anos.

– Na verdade, retomou Dr. Carlos, é usado um artifício para estimar as vendas dos lançamentos futuros, que são desconhecidos no momento.

– Mas como será possível estimar as vendas de um produto que ainda não sabemos o que será?, questionou João.

– O que se faz, disse Dr. Carlos, é projetarmos graficamente as vendas previstas dos produtos atuais, e sobrepô-las aos lançamentos previstos. A curva de tendência dos primeiros anos deverá continuar para os próximos, e a diferença será a projeção das vendas de produtos não identificados. O somatório serão as vendas totais, compreendendo as vendas dos produtos existentes, os lançamentos previstos e os novos negócios ainda não identificados (Gráfico 9.1).

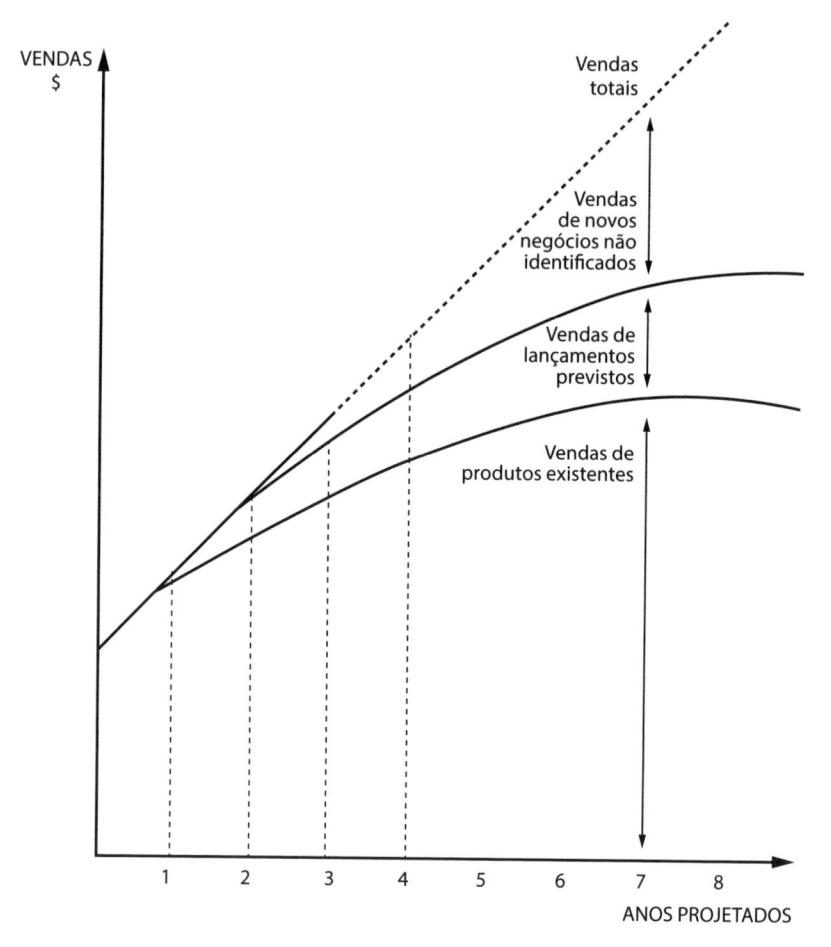

Figura 9.2 Projeção de vendas totais.

– E a estimativa de pessoal, perguntou João, por que necessita da estimativa de vendas?

– A necessidade acontece apenas na parte operacional, respondeu o consultor. Mas independentemente de se ter a estimativa de vendas, poderá ser projetado um quadro para o pessoal administrativo.

– Será que os salários irão subir?, questionou João.

– É uma conclusão que você terá em função das variáveis ambientais, respondeu Dr. Carlos, pois, embora estejamos trabalhando com valores constantes, estes poderão, relativamente, aumentar ou diminuir.

– Mas como é possível um salário cair?, perguntou João.

– Em valores correntes, mencionou o consultor, um salário nunca poderá cair, mas em valores relativos sim. Uma correção menor que a inflação significa uma redução real nos salários. Para esta nossa conversa, é importante que fique claro que os preços constantes são relativos e sua oscilação dependerá de uma análise ambiental e uma consequente estimativa dessa oscilação.

– Não será muito difícil fazer essa estimativa? – indagou João.

– Qualquer estimativa está sujeita a uma margem de erro, ponderou o consultor. No caso, mesmo que a análise ambiental seja muito bem feita, poderão escapar fatores que alterem as variáveis ambientais. Devido, principalmente, às variações ambientais é que os planos devem ser refeitos anualmente. Agora, para medida da oscilação, terá de ser usado o "bom senso", pois não existe nenhuma técnica administrativa capaz de estabelecer com precisão a oscilação de um valor.

– Mas o "bom senso" também se aprimora, mencionou João.

– Sim, continuou Dr. Carlos, e para isso é necessário analisar no próximo plano as diferenças das estimativas.

– A contribuição por produto, questionou João, em nosso caso será por Unidade de Negócio?

– Sim, respondeu o consultor, pois faremos uma quantificação dos objetivos em processo simplificado, sem haver a necessidade de estender os estudos em nível de produto.

– Qual seria a utilidade, indagou João, para a quantificação dos objetivos desses demonstrativos financeiros?

– A contribuição por Unidade de Negócio, mencionou o consultor, nos indicará as diferenças entre os produtos, e, muitas vezes, aqueles que imaginávamos sendo mais lucrativos se revelam, quando colocamos os números no papel, nem sempre corresponderem àquilo que imaginávamos. O demonstrativo de resultados nos indicará o nível de lucro (ou prejuízo) da empresa. A montagem de um balanço não somente indicará o equilíbrio da empresa em relação a seus ativos e passivos, como também servirá de base para a montagem do fluxo de fundos. Por fim, o fluxo de fundos nos indicará se os recursos serão suficientes, ou não, para realizarmos aquilo que planejamos.

– Mas se os recursos não forem suficientes, mencionou João, poderemos recorrer a empréstimos bancários.

– Isso também poderá ser discutido, observou Dr. Carlos, pois é preciso ver se vocês aceitarão uma estratégia para a empresa que implique risco de endividamento bancário.

– Se os demonstrativos financeiros serão realizados unicamente em dois pontos, mencionou João, teremos de inferir os dados dos anos intermediários.

– Não, respondeu Dr. Carlos, o fluxo de fundos será realizado por diferença entre o balanço atual e o primeiro balanço projetado e, depois, deste para o segundo balanço projetado.

Durante a realização da quantificação dos objetivos aconteceram pequenas reuniões entre João, Antônio e o pai, nas quais foram reformulados objetivos, metas e até estratégias, de forma que no fim houvesse uma coerência entre o que se pretendia para a empresa e aquilo que seria viável.

Finalização

Após a quantificação dos objetivos, João procurou o consultor com os demonstrativos financeiros, que já haviam sido discutidos com o pai e com o irmão.

Depois de verificar a consistência dos dados, Dr. Carlos recomendou que fosse realizado um pequeno documento, um resumo (sumário), contendo as ideias do Plano Estratégico, e que fosse divulgado para as outras pessoas, além dos donos, que também podem tomar decisões pela empresa. Inclusive, apontou que as principais estratégias devem ser de conhecimento de toda a organização, para que os funcionários conheçam a direção que o Atacado seguirá, e se engajem na implementação. Pode haver exceções, estratégias confidenciais como um novo produto ou nova atividade que seja melhor ficar em segredo na fase de desenvolvimento, mas em geral as estratégias devem ser conhecidas por todos. João não quis perder a oportunidade de fazer algumas perguntas:

– Por que é necessário fazer esse documento, se todos nós já sabemos qual é a estratégia planejada?

– Primeiro, respondeu o consultor, devemos salientar que é importante formalizar as ideias, porque muitas vezes aquilo que você entendeu não foi o mesmo que seu pai e seu irmão. Além disso, como já mencionei, existem outras pessoas na organização, que também tomam decisões, e que por isso deverão conhecer com mais profundidade o que está sendo planejado para a empresa em sua área de atuação.

O sumário deverá ser um pequeno documento-resumo do Plano Estratégico, de forma que seja de fácil memorização, consulta e divulgação.

– É verdade, comentou João, seria interessante que os gerentes de vendas, o financeiro e o contador tomassem conhecimento daquilo que planejamos para a empresa, pois, muitas vezes, têm de decidir sobre aspectos operacionais que deverão seguir a estratégia estabelecida. Como exemplo, um gerente de vendas poderá direcionar os esforços de sua equipe para um produto que não é nossa intenção fazer crescer.

– A finalização, retomou o consultor, não é simplesmente a formalização em um sumário do que foi decidido como a estratégia da empresa, mas é também a busca em estabelecer a coerência entre as partes e o todo.

– Mas, questionou João, isto não foi feito por ocasião do estabelecimento do direcionamento estratégico?

– Sem dúvida, respondeu Dr. Carlos, mas como na etapa de quantificação dos objetivos a atenção voltou-se mais para as partes, é possível que existam pontos que não se encaixem bem. Além disso, nesta etapa terão de ser levados em conta aspectos que poderão ter ficado subentendidos ao estabelecer o direcionamento estratégico.

– Poderia dar um exemplo?, solicitou João.

– Claro, respondeu o consultor. Como vimos nos demonstrativos financeiros, as vendas de tecidos importados deverão crescer com maior velocidade que as das outras unidades de negócio. Dessa forma, além da nova estrutura da equipe de vendas que já foi projetada, teremos que pensar na imagem do Atacado São Jorge como vendedora de tecidos finos. Para isso, uma das coisas que poderão ser feitas é uma reforma no escritório.

– Só espero que você não queira que passemos a conversar em francês com os clientes, brincou João.

– Foi só um exemplo, desculpou-se Dr. Carlos. Não sei se a aparência do escritório pode interferir nas vendas, pois acredito que o contato com os clientes seja feito normalmente por meio dos vendedores.

– Não, voltou João, muitas vezes acontece o contato direto com o cliente, por exemplo, quando ele faz questão de falar diretamente com o dono, quando há reclamação de defeitos ou até pagamentos de duplicatas que temos em carteira. Nesse ponto, fora a brincadeira, concordo que deveremos investir na aparência, para dar maior segurança na venda de um produto sofisticado.

– Dessa forma, continuou o consultor, no sumário deverá aparecer algo como: devemos incrementar prioritariamente as vendas de tecidos importados, adequando as nossas estruturas e instalações para a venda deste tipo de produto.

– Está certo, ponderou João. Teremos que explicitar no sumário somente a nossa intenção, sendo que no orçamento aparecerá a solução encontrada para convertê-la em realidade.

– Não devemos esquecer, alertou Dr. Carlos, que o sumário deverá conter o mínimo possível de dados numéricos.

– Minha intenção, disse João, é apenas mencionar as projeções por unidade de negócio e em moeda constante, apresentando os dados de vendas, margem de contribuição, lucro líquido total e mostrando apenas dois pontos projetados no futuro.

– Talvez possam ser acrescentados os dados de volume de vendas projetado, mencionou o consultor, para que a parte de dados numéricos fique completa, apresentando uma ideia de grandeza do que está sendo planejado para o Atacado São Jorge, como também servirá de parâmetro para elaborar o orçamento e referência para controle de eventuais distorções do que foi planejado.

– Quanto à forma, afirmou João, iremos nos restringir somente a duas páginas, de forma que o documento fique suficientemente sintético e que seja de fácil consulta.

– Quando for elaborar o sumário, alertou o consultor, não se assuste se aparecerem dúvidas de etapas anteriores, pois isto é normal em um processo de estabelecimento de um plano estratégico, mesmo na última etapa de sua realização.

Parte Teórica

O prazo de um Plano Estratégico ou seu horizonte estratégico varia de uma empresa para outra e até dentro de uma mesma empresa.

Existem ramos de atividades mais rígidos, que demandam uma visão do horizonte estratégico maior, como uma siderúrgica, uma hidroelétrica etc.

As atividades mais flexíveis podem ter um horizonte estratégico mais curto, como as atividades de moda.

O horizonte estratégico pode ser feito com o estabelecimento de dois pontos no futuro.

Na quantificação dos objetivos, os números representam apenas medida aproximada de grandeza, ao passo que para um orçamento os números são valores precisos.

A quantificação dos objetivos tem a função de verificar, *grosso modo*, aquilo que projetamos no direcionamento estratégico.

A partir dos pontos projetados é necessário fazer uma interpolação que geralmente deve ser exponencial e não linear.

Os valores monetários, como preço de vendas, salários, custos etc., devem ser estimados de forma relativa, conforme as variações ambientais. Assim, embora as projeções sejam em moeda constante, não quer dizer, por exemplo, que o custo relativo de uma matéria-prima não irá aumentar ou diminuir.

Para empresas que estão sempre lançando novos produtos, é possível prever, por meio de uma tendência gráfica, que no futuro existirão vendas de produtos que ainda não foram sequer cogitados. A estimativa total de vendas será o somatório das vendas dos produtos atuais, acrescidas das vendas dos produtos que serão lançados e que já estão identificados, e dos produtos que serão lançados e ainda não foram identificados.

Os demonstrativos financeiros têm utilidades específicas na quantificação dos objetivos:

- Contribuição por Produto ou Unidade de Negócio: indicará a diferença de rentabilidade entre eles.
- *Demonstrativo de Resultados: dará uma visão geral de lucratividade da empresa.*
- *Balanço: indicará o equilíbrio das composições das contas de Ativo e Passivo.*
- *Fluxo de Fundos: mostrará as mudanças na estrutura do Balanço indicando as necessidades de endividamento.*

A formalização das ideias é importante para haver uniformidade de entendimento e para que seja facilitada a divulgação do plano estratégico.

Na finalização, não se colocam somente as ideias em um resumo, também se procura uma coerência entre as partes e o todo.

O sumário deve ser pequeno (duas páginas), contendo principalmente ideias; os números são apenas medidas de grandeza.

Na elaboração do sumário, é possível que seja necessária a revisão de outras etapas anteriores.

Questões

1. *Por que o horizonte estratégico pode ser diferente de uma empresa para outra? Exemplifique.*

2. *Qual é a vantagem, e como funciona a fixação de dois pontos para o horizonte estratégico?*

3. *Qual é a diferença dos valores numéricos em um plano estratégico e em um orçamento?*

4. *Dê exemplos de como a quantificação dos objetivos estratégicos pode ser mais simplificada que no orçamento.*

5. *Por que é necessário fazer a estimativa de vendas em unidades físicas e monetárias?*

6. *Explique a importância dos seguintes demonstrativos financeiros, na quantificação dos objetivos:*

   - *Contribuição por Unidade de Negócio.*

   - *Demonstrativo de Resultados.*

   - *Balanço.*

   - *Fluxo de Fundos.*

7. *Qual é a utilidade da quantificação dos objetivos dentro do processo de realização de um plano estratégico?*

8. *Por que é importante a realização do sumário de plano estratégico?*

9. *Quais grupos devem receber quais informações do Plano Estratégico (diretores, decisores e organização como um todo)?*

10. *O sumário é somente uma síntese do plano estratégico? Explique.*

11. *Qual deverá ser o tratamento dedicado aos dados numéricos no sumário do plano estratégico?*

Gestão Estratégica

10

João e Dr. Carlos se reuniram novamente para discutir quais seriam os controles da implementação do Plano Estratégico. João começou perguntando se essas informações seriam divulgadas para toda a equipe. Dr. Carlos respondeu que, para divulgar para toda a equipe, seria importante que as demais pessoas não só entendessem as estratégias, mas também os mecanismos de controle da implementação delas.

– Entendo, Dr. Carlos, disse João, não adianta nada saber qual a estratégia do Atacado São Jorge se eu não sei qual será minha responsabilidade para que isso seja implementado.

– Exato, João. Essa parte de controle da implementação nós chamamos de gestão estratégica, ou seja, trazer para a gestão da empresa formas de acompanhamento.

– Tenho lido que esse acompanhamento é feito de duas formas: indicadores e projetos. Por que essa diferença?

– Você lembra que quando analisamos as possíveis estratégias, nós dividimos entre aquelas que se referiam à parte interna da empresa (aspectos internos) e aquelas que se referiam ao ambiente organizacional? As estratégias voltadas para os aspectos internos eram de curto prazo e voltadas para a eficiência organizacional. Já as estratégias voltadas para adaptação às mudanças do ambiente organizacional eram de longo prazo e voltadas para a eficácia. Agora, quando fizermos a gestão estratégica, teremos que distinguir entre as estratégias de curto prazo, voltadas para eficiência, controladas por indicadores, e as estratégias voltadas para longo prazo, monitoradas por projetos de mudança organizacional.

– Vamos ver se eu entendi. Por exemplo, uma estratégia que imaginamos para reduzir o tempo de atendimento do cliente, ou seja, voltada para a eficiência, foi a implementação de um novo sistema de informações. Esta estratégia deve ser monitorada por indicadores, como tempo de processamento dos pedidos, tempo de entrega, prazo e volume de estocagem. Já a estratégia de desenvolver a liderança da rede de negócios, que é voltada para atender melhor às necessidades do ambiente, é um plano de longo prazo, voltado para a eficácia não só do Atacado São Jorge, mas de toda a rede. Essa estratégia deve ser monitorada por projetos, pois sua implementação depende de diversas vertentes, e envolve reuniões com todos os parceiros e monitoramento de variáveis ambientais.

– Perfeito, João. Quando estabelecemos os projetos, é preciso definir, para cada atividade, quem executa, quem coordena e quem aprova seu resultado. Algumas atividades podem demandar apenas execução, enquanto, para outras, ter a figura formal da aprovação da entrega pode ser fundamental. Deve-se estabelecer as ações, prazos e responsáveis, e isso tudo deverá ser traduzido em um cronograma, contemplando todas as atividades necessárias para desenvolvimento do projeto.

– Nas minhas leituras, também tomei conhecimento do BSC (*Balanced Scorecard*). Qual é a relação com esse trabalho de gestão estratégica?, perguntou João.

– O *Balanced Scorecard* é uma ferramenta de gestão estratégica interessante, pois define quatro grandes perspectivas que desdobram o plano estratégico, para acompanhamento de indicadores e verificação da implementação da estratégia. Estas quatro perspectivas, ou dimensões, são: Finanças, Clientes, Aprendizagem e Crescimento e Processos Internos. Ao propor que os objetivos sejam acompanhados nessas quatro dimensões, Kaplan e Norton mostram (Figura 10.1) que deve haver um balanceamento entre indicadores financeiros tradicionalmente mais acompanhados, mas também indicadores que mostram a preparação da empresa para o longo prazo, por exemplo, treinamento dos funcionários e aspectos mercadológicos.

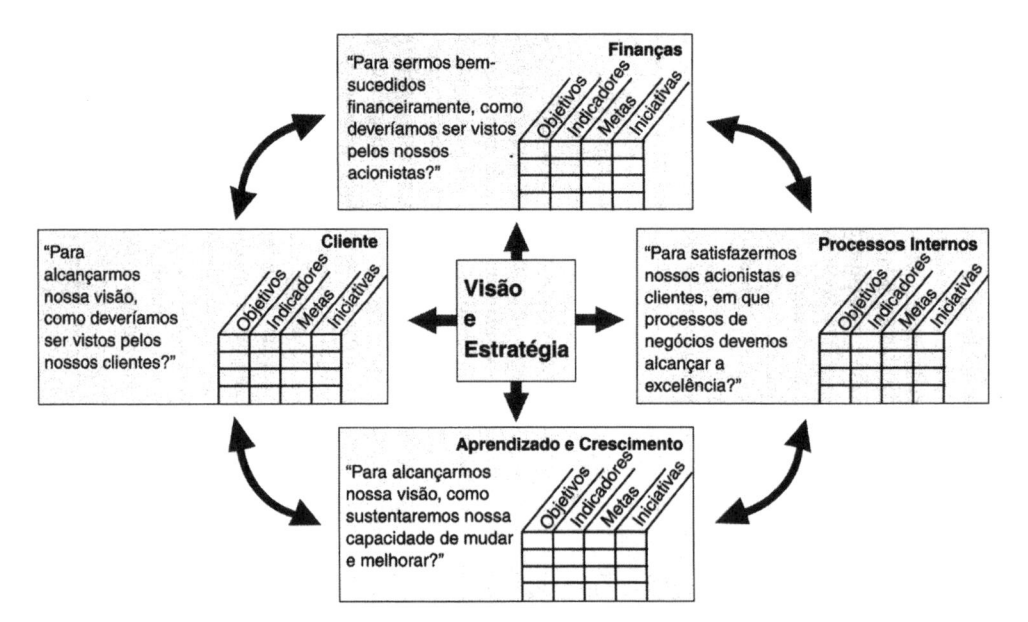

Figura 10.1 Utilização do Balanced Scorecard para a tradução da estratégia em termos operacionais.

Fonte: Kaplan, R. S.; Norton, D. P. A Estratégia em Ação (Balanced Scorecard). Rio de Janeiro: Campus, 1997.

– Acho que a dimensão financeira é fácil de entender, Dr. Carlos, são os indicadores como receita, lucro, entre outros, que mostram a rentabilidade e liquidez da companhia. Na dimensão Clientes, entendo que se pode acompanhar participação de mercado, satisfação dos clientes, fidelidade, tempo de retorno de reclamações etc. E nas demais dimensões, Dr. Carlos, o que se costuma acompanhar?

– Na dimensão Processos Internos, podemos acompanhar prazo médio de estoque, tempo de processamento dos pedidos, tempo de entrega da mercadoria (que refletirá corretamente na dimensão Clientes, pois existe um encadeamento, ou relação de causa e efeito entre as perspectivas). Por fim, na dimensão Aprendizagem e Crescimento, os autores inovam na ideia de que uma organização precisa estar sempre aprendendo e desenvolvendo suas competências para manter-se competitiva, e o desenvolvimento das pessoas é fundamental para o sucesso da organização. Aqui, podemos acompanhar quantidade de treinamentos, índice de *turnover* (índice de pessoas que são contratadas para repor pessoas que saem da organização), satisfação dos funcionários e outros. A boa divulgação dos indicadores e dos projetos será fundamental para o sucesso da gestão estratégica, para mostrar para as pessoas da organização que elas fazem parte de uma proposta maior do que somente seu trabalho pontual. Cada um tem uma contribuição importante no processo de implementação da estratégia.

– Entendi, Dr. Carlos. E quanto à divulgação, mencionou João, em nosso caso imagino que será relativamente fácil.

– Realmente, concordou Dr. Carlos, em uma pequena empresa a divulgação é mais fácil, lembrando que todos devem conhecer a visão geral das estratégias da organização, e cada área deverá receber seu plano detalhado para fazer a gestão adequada da implementação.

– Sim, confirmou João, assim teremos um engajamento maior da equipe. E como é feito este trabalho em uma grande empresa?, perguntou João.

Na realização do plano estratégico, geralmente as tarefas anteriores já foram trabalhadas, pelo menos em sua maior parte, pela área que deverá agora receber o documento final detalhado, sem haver, assim, maiores dificuldades na divulgação.

– Em uma grande empresa, respondeu Dr. Carlos, isso é mais trabalhoso, por seu porte e por eventual confidencialidade de alguma estratégia específica. Porém, da mesma forma que em uma pequena ou média organização, o que facilita é que, normalmente, na realização do plano estratégico, as tarefas anteriores já foram trabalhadas, pelo menos em sua maior parte, pela área que agora receberá o documento. O gerente de produto terá os estudos de seu produto detalhado, enquanto o gerente da fábrica terá os estudos dos equipamentos. É claro que os estudos realizados pelas áreas podem sofrer alterações ou complementações, mas na maior parte eles já são de conhecimento da área.

– Entendi, Dr. Carlos. Gostaria de saber ainda por que a etapa de divulgação não é considerada parte do plano estratégico, e sim da gestão estratégica.

*Os detalhes do plano estratégico de cada área deverão ser do conhecimento desta,
a fim de dirigir as atividades na direção planejada.*

– Ao fazer a divulgação, respondeu Dr. Carlos, nós estaremos iniciando a conscientização daquilo que cada pessoa da empresa deverá fazer para atender ao plano. Esta conscientização já não é mais o processo de realizar o plano e sim de implementá-lo e garantir que a gestão do dia a dia siga a estratégia (gestão estratégica).

– Outra dúvida, questionou João, é a razão de divulgarmos o plano antes de preparar a organização, pois pode haver uma resistência por parte das pessoas que receberem o plano.

– Com razão, respondeu o consultor, poderá acontecer alguma resistência por falta de treinamento, embora já tenha havido algum envolvimento dos gerentes na preparação do plano, o que não deixa de ser uma forma de treinamento.

– Como são poucos os funcionários em nível de gerência no Atacado São Jorge, gostaria de sugerir que façamos uma reunião para explicar o processo de planejamento estratégico e, ao fim, entregar o sumário do plano estratégico, com os detalhes próprios de cada área, disse João. Nessa mesma reunião, podemos orientar os gerentes sobre como devem apresentar as estratégias da organização para sua equipe.

– Acho uma boa ideia, aceitou Dr. Carlos, e acredito até que seria válido falar de Gestão Estratégica, particularmente no que se refere aos incentivos, pois é importante que os gerentes, ao receberem os planos, fiquem cientes de que seu futuro na empresa depende de seu desempenho para o cumprimento do plano.

– Mas, Dr. Carlos, não podemos alterar a tabela de prêmios e gratificações, mencionou João, até porque, para alterá-la, precisaremos de um novo orçamento.

– Não pretendia de qualquer forma, interveio Dr. Carlos, alterar a tabela de prêmios e gratificações vigente atrelada ao orçamento deste ano. Para o próximo ano, o orçamento deverá refletir o plano estratégico, e estas alterações acontecerão para manter o alinhamento com a implementação das estratégias definidas. Esse alinhamento busca a mudança de atitude organizacional para um direcionamento mais coerente com as estratégias da empresa.

– Como será essa mudança de atitude? – perguntou João.

– Por exemplo, disse o consultor, no caso de incentivos os gerentes deverão saber que seu progresso não se baseará nos tradicionais critérios de estabilidade e eficiência, mas que eles precisarão de uma atitude empreendedora, agindo com criatividade e iniciativa.

– Para que os gerentes tenham criatividade e iniciativa, questionou João, será necessário que nós, como donos da empresa, também mudemos de atitude?

– Sem dúvida, respondeu o consultor, é pela cúpula da empresa que devemos começar a mudança de atitude. Você tem algum gerente que se tem mostrado mais criativo e com iniciativa?

– Sim, mencionou João. Temos um gerente de vendas que vive inventando moda. Outra dia ele vendeu para um cliente a um preço abaixo da tabela. Quando foi questionado, ele demonstrou que havia juntado as vendas de duas semanas em um só pedido, de modo a completar um caminhão. Dessa forma, o ganho no transporte mais do que compensou o desconto extra oferecido.

Mudar uma atitude é geralmente muito difícil, pois implica a visão que a pessoa tem das coisas. O apaixonado sempre imagina que a sua namorada é linda.

– E qual foi a reação do Antônio?, indagou o consultor.

– Foi de reprovação, disse João, pois ele achou que, de qualquer forma, o gerente estaria passando por cima de suas ordens.

– Como você pode ver, disse Dr. Carlos, é preciso mudar a atitude da diretoria, pois o bom gerente será aquele que "inventa moda", desde, é claro, que prove os resultados alcançados. Acredito que, em outra reunião com você, seu irmão e seu pai, podemos abordar com maior profundidade os conceitos de Administração Estratégica, que representa todo o ciclo de Planejar, Organizar, Dirigir e Controlar o nível estratégico da organização. A Administração Estratégica envolve também os aspectos cognitivos para o melhor resultado desse processo, e nosso próximo encontro será uma boa oportunidade para aprofundar estes conceitos.

Parte Teórica

As estratégias da empresa devem ser divulgadas para todas as pessoas da organização, para que conheçam seu papel na implementação. Cada área deve ter seus resultados detalhados, para realizar a gestão do dia a dia de forma alinhada à implementação da estratégia.

A gestão estratégica é trazer para a gestão do dia a dia o acompanhamento e controle da estratégia da organização.

A gestão estratégica é realizada por controle de indicadores quando acompanha as estratégias no sentido de melhoria da eficiência da empresa, e é realizada mediante a gestão de projetos quando se refere a estratégias que visam adaptar a empresa ao futuro do ambiente em que está inserida, buscando a eficácia organizacional.

Uma das ferramentas que procura fornecer a visão de conjunto dos controles de indicadores para implementação da estratégia chama-se *Balanced Scorecard*. Esta técnica foi desenvolvida por Kaplan e Norton, e focaliza quatro perspectivas: finanças, clientes, processos internos, e aprendizagem e conhecimento. Cada uma dessas dimensões desdobra-se em medidas específicas, que podem dividir-se em indicadores:

1) Perspectiva do cliente: satisfação do cliente. Como o cliente enxerga a empresa? O que isso significa para nossos clientes?

2) Perspectiva interna: controle do processo. Como podemos controlar os processos de negócio fundamentais de modo a criar valor para nossos clientes? Em quais processos precisamos nos distinguir para satisfazer nossos clientes de forma contínua?

3) Perspectiva da aprendizagem e crescimento: competências e atitudes dos empregados, capacidade organizacional de aprender. Como a empresa pode continuar a ter sucesso no futuro? Como devemos aprender e comunicar para melhorarmos e, por meio disso, materializarmos nossa visão?

4) Perspectiva financeira: saúde financeira (rentabilidade e liquidez). Como os acionistas enxergam a empresa? O que isso significa para os nossos acionistas?

Essa técnica é utilizada para: esclarecer e traduzir a visão e a estratégia, comunicar e associar indicadores e medidas estratégicas, planejar, estabelecer metas e alinhar iniciativas estratégicas, e melhorar o *feedback* e o aprendizado estratégico.

Questões

1. *Como deverá ser feita a divulgação de um plano estratégico?*

2. *Comente a proposta de João em antecipar algumas atividades de preparação da empresa.*

3. *Quais são as duas formas pelas quais podemos fazer a gestão estratégica dentro de um mesmo plano, e explique as diferenças entre elas.*

4. *Como um projeto deve ser estruturado?*

5. *Explique a relação entre planejamento estratégico e a gestão estratégica.*

6. *Para que é utilizada a técnica do Balanced Scorecard?*

7. *Quais são as quatro dimensões do BSC? Explique e exemplifique cada uma delas.*

8. *Para que se utiliza a gestão de projetos?*

9. *Por que a Divulgação faz parte da Gestão Estratégica e não do Plano Estratégico?*

Administração Estratégica 11

A reunião seguinte aconteceu não somente entre Dr. Carlos e João, mas envolveu também os demais diretores e todos os gerentes e funcionários em posições de tomada de decisão. Dr. Carlos lembrou que essa reunião fazia parte do conceito de Administração Estratégica, que representa todo o ciclo de Planejar, Organizar, Dirigir e Controlar o nível estratégico da organização. A Administração Estratégica envolve também os aspectos cognitivos para o melhor resultado desse processo, que envolve todos os funcionários na implementação das estratégias estabelecidas.

Nessa reunião, foi apresentado o sumário do plano estratégico e realizada uma pequena palestra pelo consultor sobre o que é o plano estratégico e qual a interferência deste plano no trabalho dos gerentes.

A reunião foi um pouco demorada, pois estava prevista para ter uma duração de apenas quatro horas (parte da manhã) e acabou tomando todo um dia devido às dúvidas dos gerentes. O interesse dos gerentes cresceu à medida que visualizaram que a mudança da organização por meio do plano de estratégias interferiria diretamente em seu trabalho.

Como era de esperar, a reação dos gerentes foi mais de contestação do que de aprovação, sendo que, ao saírem da reunião, mostraram-se, de forma geral, muito interessados, mas bastante céticos.

Após a reunião com os gerentes, o consultor teve outra reunião com o proprietário e seus filhos.

Nesse encontro, José mostrou-se preocupado com a reação dos gerentes, e questionou o Dr. Carlos:

– Será que teremos dificuldades com os gerentes na implementação do plano estratégico?

– Sem dúvida, respondeu o consultor, mas isso é normal, pois o que estamos exigindo dos gerentes é uma mudança de atitude, o que, além de exigir maior esforço para trabalhar de forma diferente, traz grande insegurança pela mudança das regras do jogo.

– O senhor poderia explicar melhor esta mudança de atitude?, solicitou Antônio.

– Antes de falar sobre o que deverá ser mudado na atitude das pessoas de decisão do Atacado São Jorge, mencionou Dr. Carlos, gostaria, de forma simplificada, de explicar o que é atitude. A atitude que temos em relação a uma ideia ou uma coisa é resultado de uma avaliação positiva ou negativa, que leva a ações favoráveis ou não.

Na mudança de atitude, é preciso que seja levado em conta, além do elemento cognitivo e comportamental, o elemento afetivo, para que a mudança de atitude não fique somente na aparência.

– É esse sentimento que nos impulsiona a fazer algo, interrompeu João.

– Certo, continuou o consultor, e a atitude é composta de três elementos: cognitivo, afetivo e comportamental.

– O que seria esse elemento cognitivo?, perguntou o proprietário.

– Cognição, retomou Dr. Carlos, é a maneira pela qual um objeto ou uma ideia, como é o caso de um plano estratégico, é percebido. Neste processo de percepção precisamos seguir alguns passos, como atenção, compreensão e conhecimento.

– Pedi toda a atenção, mencionou José.

– Sem dúvida, disse Dr. Carlos, é de fundamental importância que a maior autoridade da empresa, no caso, o senhor, mostre todo o empenho com o plano estratégico, pois dessa forma as pessoas compreenderão a importância do que estamos fazendo e direcionarão toda sua atenção para aquilo, de forma a entender o que é um plano estratégico.

– Quer dizer, interrompeu João, que o primeiro passo para criar a cognição sobre alguma coisa é que a pessoa dê atenção àquilo que vai ser tratado. Depois é preciso que a pessoa compreenda como funciona e, por fim, aprofunde seus conhecimentos.

– Na reunião com os gerentes, mencionou o proprietário, para completar o elemento cognitivo só faltou o Dr. Carlos dar maior conhecimento sobre o assunto, porque, além de ter sido criada a atenção, o consultor, acredito, conseguiu expor de forma a ficar bem compreensível todo o processo de Planejamento Estratégico.

– O conhecimento, mencionou João, será uma questão de tempo, pois notei que, no fim, todos os gerentes, antes de saírem, cercaram o Dr. Carlos, e, como fiquei com medo de que fossem destratar nosso consultor, fui dar uma bisbilhotada. Para minha surpresa, estavam pedindo nomes de livros para se aprofundarem no assunto.

– O trabalho de consultor pode ser perigoso, brincou Dr. Carlos, ainda bem que conto com a proteção do João. Mas acredito que, como vocês mesmos mencionaram, o elemento cognitivo da atitude está sendo bem desenvolvido.

– Quer dizer, indagou Antônio, que para uma mudança de atitude teríamos de trabalhar os seus três elementos? O primeiro elemento, sem dúvida, já está sendo bem trabalhado, mas e os outros dois?

– O elemento afetivo, explicou Dr. Carlos, é o sentimento de a pessoa gostar ou não, o que já não é uma coisa que depende totalmente de nós.

– A pessoa pode até simular que gosta, observou João, e na verdade ser contrária. Mas o que nós poderemos fazer para trabalhar esse elemento afetivo?

– O que me parece importante, mencionou o consultor, é não colocar esse processo de planejamento estratégico de forma impositiva, pois normalmente as pessoas tendem a repelir aquilo que não é feito por sua própria vontade.

– É como conselho de pai, disse o proprietário, os filhos podem até reconhecer que o que nós propomos é o melhor para eles, mas só para contrariar fazem diferente.

– Pela vontade do pai, mencionou João, teríamos de lhe telefonar cedo para que ele determinasse a roupa que iríamos vestir.

– Não vamos transformar a reunião, interveio Dr. Carlos, em uma briga de família. O importante é que, para tornarmos o elemento afetivo positivamente direcionado ao planejamento estratégico, teremos de agir em relação ao planejamento estratégico de forma democrática, pois, caso contrário, o plano poderá funcionar, mas, ao primeiro sinal de falta de pressão, ele se deteriorará.

– Essa mudança de atitude, perguntou João, é o que estávamos relacionando com a administração estratégica?

– É o fundamento da administração estratégica, respondeu Dr. Carlos. Teríamos ainda que capacitar a organização de forma a possibilitar essa mudança de atitude.

– Só para terminar esse ponto de atitude, solicitou o proprietário, gostaria que o senhor falasse sobre o elemento comportamental, e como faremos para trabalhá-lo.

– O elemento comportamental, mencionou o consultor, é a tendência de ação que está dentro de nós. É como a pessoa que entra em uma lanchonete para tomar um refrigerante. Embora desejasse tomar um guaraná, chega ao balcão e pede uma Coca-Cola®.

– É o problema do costume, disse Antônio.

– Exato, falou Dr. Carlos, para mudar este costume, só com treinamento e acompanhamento.

O desenvolvimento do Plano Estratégico deve ser democrático, de forma a termos não só maior facilidade na mudança de atitude das pessoas envolvidas, mas também procurar adaptar a realização do plano às características da empresa e das pessoas.

– O senhor poderia dar um exemplo de como o plano estratégico pode ser democrático?, solicitou José.

– Claro. Por exemplo, na reunião que fizemos com os gerentes, eles puderam tirar dúvidas e, inclusive, fazer sugestões. Algumas dessas sugestões resultaram em alterações no plano, e outras, ainda que não tenham sido absorvidas, foram devidamente debatidas. Isso faz os gerentes perceberem que fazem parte do processo do plano, aumentando sua identificação e responsabilidade sobre ele. Dessa forma, trabalhamos o aspecto afetivo da mudança de atitude necessária na Administração Estratégica.

– Falamos muito sobre a mudança de atitude, reclamou o proprietário, mas que atitude deverá ser alterada?

– Uma parte de atitude que deverá ser alterada, disse João, já foi tratada pelo Dr. Carlos na reunião de gerentes, quando ele mostrou que o sistema de recompensas deixaria de basear-se na estabilidade e eficiência, para passar a ter como parâmetro de bom desempenho a criatividade e a iniciativa.

– A criatividade pode ser aprendida?, perguntou o proprietário.

– Sim, respondeu Dr. Carlos, hoje, inclusive, existem exercícios recomendados para estimular a criatividade especificamente para pessoas envolvidas no Planejamento Estratégico.

As pessoas não devem ser tolhidas nas suas iniciativas. A administração estratégica procura criar uma mentalidade crítica aos procedimentos vigentes e uma flexibilidade para que cada um possa agir melhor dentro de sua forma de ser.

– Uma coisa que me preocupa, disse o proprietário, é se não haverá o risco, nessa nova sistemática de trabalho, de os gerentes começarem a fazer bobagens por terem maior autonomia.

– Como foi dito, mencionou Dr. Carlos, a administração estratégica, que procura capacitar a organização, não se preocupa somente com a mudança de atitude das pessoas, mas também dá condições para que isso aconteça. A administração, como você sabe, tem quatro funções (planejar, organizar, dirigir e controlar) e, por sua vez, a organização tem três níveis: estratégico, administrativo e operacional. Assim, quando falarmos em Planejamento Estratégico, estaremos abordando uma função administrativa (planejar), no nível estratégico (Figura 11.1).

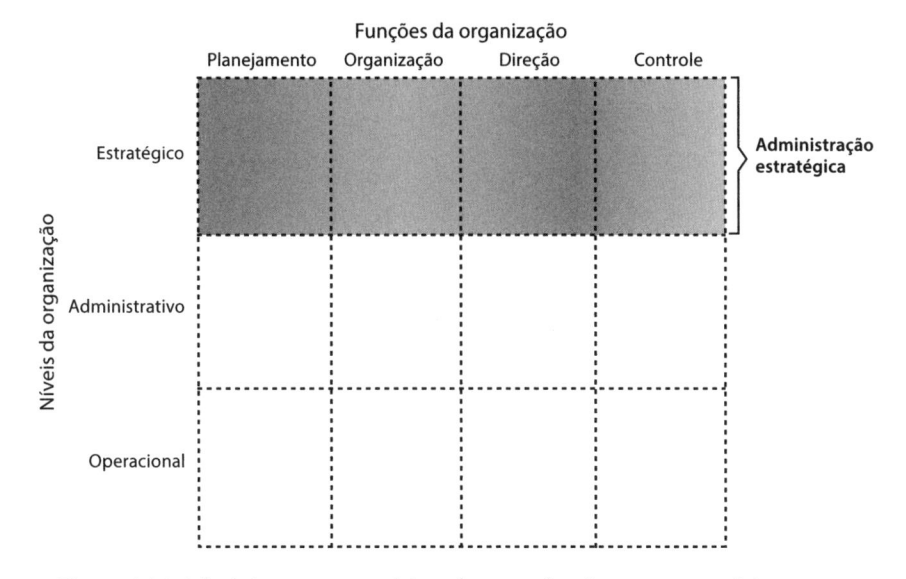

Figura 11.1 Administração estratégica abrange planejamento estratégico

– Pelo que parece, indagou João, para que haja condições de o planejamento estratégico funcionar, é preciso que ataquemos as outras funções da organização, no nível estratégico.

– Exato, concordou o consultor, e para que isso seja feito será necessário criarmos um sistema de informações gerenciais que, por meio de uma nova organização da empresa, leve aos níveis mais baixos tanto a responsabilidade como a autoridade pelas decisões dos níveis administrativos e operacionais.

– Cabe à diretoria, completou João, ainda dirigir e controlar os aspectos estratégicos. Mas o que esse sistema de informações gerenciais irá oferecer?

– É preciso, respondeu Dr. Carlos, criar um sistema de informações que mostre, por exemplo, a margem de contribuição que cada gerente operacional está dando para a organização.

– Dessa forma, interrompeu João, deixaremos de dizer aos nossos gerentes o que deve ser feito e passaremos a medi-los pelos resultados que apresentam.

– Passaremos a ter atividades mais de direção do que de gerência, observou Antônio. Certamente, como diretores que somos, é mais importante para o Atacado São Jorge que exerçamos esse papel, e não o de um gerente com salário de diretor.

– Posso adiantar, observou o consultor, que não será fácil delegarem o trabalho de gerência. É importante que a mudança de atitude comece por vocês, que representam a cúpula da empresa.

– O senhor poderia citar alguns outros pontos nos quais seria importante mudar a atitude?

– Um primeiro ponto, mencionou Dr. Carlos, é criar uma mentalidade crítica, na qual exista constante questionamento das práticas administrativas e operacionais. Por meio dessa prática, chegaremos a uma maior flexibilidade da empresa e, consequentemente, maior capacidade da organização para enfrentar problemas ou descobrir oportunidades.

– Agindo dessa forma, questionou o proprietário, nós não estaremos aumentando o risco, por estar procurando soluções novas, que podem não funcionar bem?

– Ao procurar novas soluções, administrativas ou operacionais, disse Dr. Carlos, estaremos assumindo um risco de as soluções não darem certo. Por outro lado, estaremos reduzindo o risco decorrente de, por inflexibilidade da empresa, diminuir sua capacidade no enfrentamento de problemas de adaptação ao ambiente.

A mentalidade crítica deve ser desenvolvida de forma construtiva e gradual, evitando causar insegurança às pessoas que estão participando do processo de Administração Estratégica.

– Nós deveremos nos tornar mais empreendedores, disse Antônio, e ter menos aquela mentalidade tradicional de somente procurar competir com as outras empresas.

– Em outras palavras, mencionou João, devemos procurar mais a eficácia do que a eficiência, que é uma das linhas mestras do planejamento estratégico.

– E se os gerentes fizerem algo que não dê certo?, questionou José.

– É claro que neste processo de descentralização, respondeu Dr. Carlos, nós não passaremos aos gerentes somente a autonomia, mas também a responsabilidade. Dessa forma, se um gerente errar, precisará justificar por que tomou aquela decisão. Porém, se mostrar que teve como interesse o resultado da empresa como um todo, não faz sentido que seja punido por isso.

– Como será o relacionamento entre os gerentes?, perguntou o proprietário.

– Dentro da administração estratégica, respondeu o consultor, o que importa é resolver o problema, independentemente da estrutura hierárquica. Dessa forma, o mais adequado é o uso de uma estrutura matricial, em vez da funcional.

– O senhor poderia explicar melhor o que são estes tipos de estrutura?, solicitou Antônio.

– A estrutura funcional, disse o consultor, é a tradicional, em que cada área tem a sua função e não entra na atividade da outra área. Já na estrutura matricial o que interessa é resolver o problema, mesmo que tenhamos de entrar na área do outro e também usar os serviços de outras áreas.

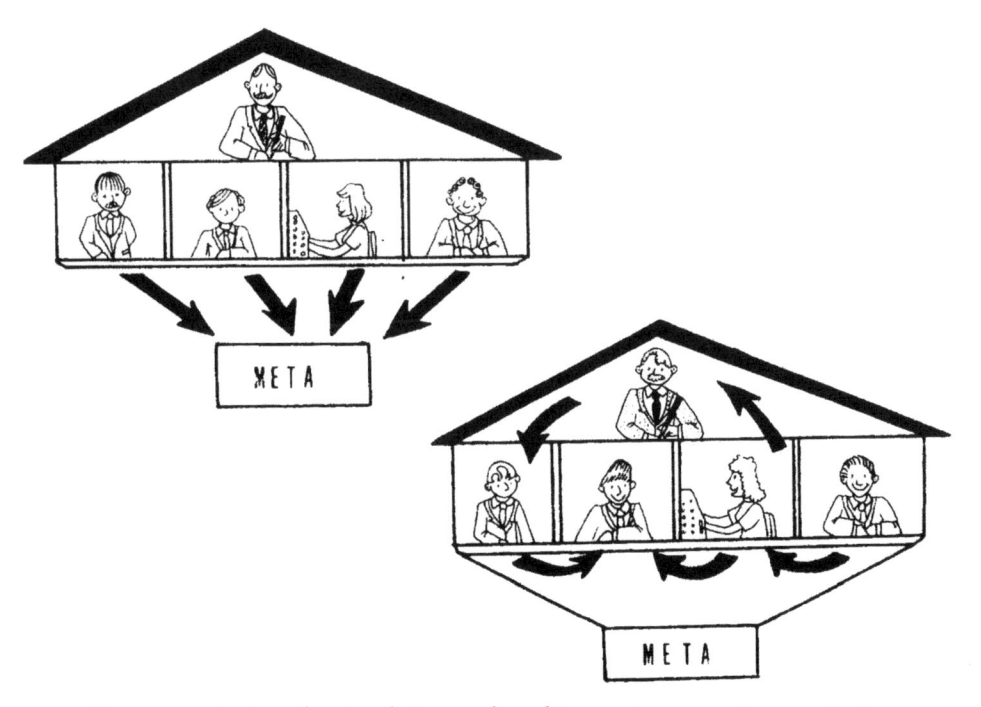

Em uma estrutura funcional, é seguida a hierarquia, enquanto na estrutura matricial o importante é o alcance da meta, sem levar em consideração quem manda em quem.

– Seria um exemplo, perguntou João, se um vendedor especializado em confecções encontra um cliente que deseja comprar tecidos importados para fazer confecções de alto nível? Nesse caso, o vendedor poderá coletar todos os dados das necessidades de tecidos importados e depois procurar o vendedor especialista nesse produto para lhe dar a devida orientação, e para que ele mesmo consiga resolver o problema de seu cliente.

– Exato, respondeu Dr. Carlos, embora a estrutura matricial seja mais usada em empresas que trabalham por projetos. Seu exemplo mostrou que em uma empresa comercial também pode ser usado este conceito de matriz, em que uma área pode usar o conhecimento das outras para resolver seu problema.

– Como funciona a estrutura matricial em uma empresa de projetos?, perguntou Antônio.

– Imagine que seja definido um líder que é um engenheiro de estruturas para um projeto de uma indústria, disse o consultor. Ele precisa de outros técnicos para projetar os equipamentos, a parte hidráulica, elétrica etc. Nesse caso, ele requisitará os serviços das outras áreas, da mesma forma como em projetos liderados por outras áreas poderá ser requisitado seu trabalho.

– O que mais o senhor sugere como mudança de atitude de nosso pessoal?, solicitou José.

– Existem muitos pontos, mencionou Dr. Carlos, mas devemos salientar que pela Administração Estratégica as pessoas de decisão estarão preocupadas em atingir mais os objetivos da organização como um todo do que cada uma das metas de uma área. Isto representará uma postura mais amadurecida destas pessoas.

– O senhor poderia dar um exemplo?, solicitou Antônio.

– Há vários anos, disse o consultor, dei consultoria para uma grande empresa que produzia detergentes. Naquela ocasião, a empresa precisava, para atingir as vendas do orçamento anual, de um volume considerável de vendas em novembro, pois em dezembro haveria as férias coletivas dos vendedores. Para mexer com os vendedores, a diretoria reuniu os gerentes de vendas e lançou um desafio, com um prêmio bastante alto para cada tonelada que vendessem acima da cota. Foi uma verdadeira loucura. Os vendedores inventaram pedidos, aumentaram aqueles que já haviam sido feitos, e no fim já procuravam os grandes supermercados para reforçarem seus pedidos, pois sabiam que a fábrica não teria capacidade de produzir, e que lhes garantiria o preço nas entregas futuras. O resultado foi que essas vendas realizadas em novembro só terminaram de ser entregues em abril (5 meses depois). Ora, como tínhamos inflação e os produtos só foram pagos depois da entrega, a empresa chegou a entregar produtos até 30% abaixo de seus custos.

Agora analisemos: do ponto de vista da meta da área, ela foi plenamente atingida, mas como objetivo da organização como um todo, foi um desastre, pois essa atitude gerou enorme prejuízo para a empresa.

– Nós já tivemos problema semelhante, disse José, de vendedor que vendeu tecido cujo estoque estava esgotado.

– É uma questão de maturidade, disse Antônio. E isto se consegue também por meio da administração estratégica?

– A administração estratégica não é uma panaceia, disse o consultor, mas um dos princípios que a empresa deverá ter é funcionários treinados e motivados, com um sistema de informações adequado. Nesse treinamento, os empregados devem agir levando em conta os objetivos globais da organização e não somente as metas; por outro lado, com um sistema de informações adequado, qualquer desvio dos empregados pode ser detectado e corrigido mais rapidamente.

– Se os empregados não estiverem devidamente treinados e motivados, o que acontecerá?, indagou Antônio.

– Isso será o mesmo que querer implantar um plano estratégico, respondeu Dr. Carlos, sem a utilização dos princípios da administração estratégica. Pela beleza e coerência do plano estratégico, até poderá ser conseguido, mas existirá sempre uma grande resistência, o que não é nada producente.

– Não podemos criar um clima de antagonismo, disse o proprietário.

– A administração estratégica, mencionou João, cria maior grau de adaptabilidade ao ambiente; será que não varia de uma empresa para outra a necessidade de usar os princípios da administração estratégica?

– Sem dúvida, respondeu Dr. Carlos, a intensidade das mudanças ambientais determina o grau de inovação necessário a cada setor de atividade. Assim, para um setor de atividade altamente inovador, a utilização da administração estratégica trará maiores resultados, mas isso não quer dizer que, por exemplo, se o ramo de venda de tecidos não tiver mudanças bruscas, a utilização de administração estratégica não será importante nem trará resultados.

– Por que em um ramo de atividades com maior nível de mudança ambiental, perguntou João, o resultado da administração estratégica será maior?

– A empresa de um setor de atividade com alta turbulência, disse Dr. Carlos, terá maior número de oportunidades do que aquela que está em um setor mais estável. Como a administração estratégica traz maior grau de adaptabilidade ao ambiente, é de se supor que a empresa que está no ambiente turbulento, com a administração estratégica encontrará maior número de oportunidades do que aquela que, embora utilizando-se também da administração estratégica, esteja em um ramo mais estável.

– O senhor poderia dar um exemplo?, solicitou João.

– Vamos supor, mencionou o consultor, que existam duas empresas que usem a administração estratégica, a primeira é uma casa lotérica e a outra, uma empresa de brindes. O mercado de casas lotéricas é mais estável, podendo aparecer oportunidades, como conseguir maior volume de números para o Natal, montar esquemas de bolões etc. Mas são oportunidades restritas. Já a empresa de brindes poderá descobrir produtos que se adaptem às necessidades específicas de cada um de seus clientes de forma a ter grande sucesso, e gerando maiores ganhos.

– O setor de brindes vive de ideias, mencionou João, enquanto em uma casa lotérica a margem para inovação é menor, o que existe é muita cópia do modo de trabalhar dos outros.

– Gostaria de saber, indagou o proprietário, como realizaremos as etapas que compõem a administração estratégica. Na parte de treinamento, não serão necessárias outras reuniões com os gerentes?

– Acredito que vocês mesmos, disse Dr. Carlos, poderão dar continuidade a este processo de treinamento dos gerentes, com reuniões periódicas, onde possam ser trocadas ideias sobre o planejamento estratégico, mas também avaliar como está indo a implementação.

– Para isso, interrompeu João, precisaremos da integração com o orçamento.

– Sem dúvida, retomou o consultor, é importante que o plano tático, ou orçamento, seja feito com base no que foi estabelecido no plano estratégico. Dessa forma, nas reuniões que tiverem com os gerentes, será possível determinar o que está saindo diferente do planejado, e até, se for o caso, guardar estas informações para elaborar com maior precisão o próximo plano estratégico.

– Voltando ao nosso trabalho, interrompeu novamente João, gostaria de saber como deveremos fazer as próximas etapas.

– Para preparar a organização, disse o consultor, vocês terão inicialmente que estabelecer um sistema de informações, de que já falamos, e que mostre com presteza o resultado do trabalho de seus gerentes. Outro ponto importante é estabelecer um cronograma para as mudanças tanto de organograma como dos sistemas de informações, de forma que se possa controlar as mudanças no tempo certo.

– E a integração com o orçamento, como será?, perguntou o proprietário.

– Pelo sumário, mencionou Dr. Carlos, vocês já têm uma ideia da direção que o Atacado São Jorge deverá seguir, ou seja, vocês sabem "o que" querem fazer. Agora será necessário descobrir "como" será feito.

– O trabalho que fizemos na quantificação dos objetivos, disse João, poderá nos ajudar a estabelecer o orçamento.

– De certa forma, mencionou José, quando fazíamos os outros orçamentos já discutíamos, embora intuitivamente, a estratégia da empresa para estabelecer o orçamento. Agora será até mais fácil.

– Um ponto importante, retomou o consultor, é, após terminar o primeiro rascunho do orçamento, questioná-lo em relação à estratégia estabelecida.

– Será possível, questionou Antônio, que, depois de ter trabalhado tanto na estratégia, o orçamento não saia de acordo com aquilo que estabelecemos?

– Em uma ocasião, exemplificou Dr. Carlos, quando coordenava o plano estratégico de uma grande organização, ficou estabelecido que certa linha de produtos seria gradualmente descontinuada. Imagine a minha surpresa, quando verifiquei no rascunho do orçamento, que nós chamávamos de "boneco", que a gerência de vendas daquela linha de produtos havia orçado um crescimento de vendas para o ano seguinte.

– E qual foi o argumento?, perguntou Antônio.

– A argumentação do gerente, retomou o consultor, foi que o produto tinha boa aceitação, a linha de produção ficaria com capacidade ociosa, e que pretendia daqui a cinco anos, quando deveria ser descontinuada a linha de produtos, terminar de uma hora para outra, vendendo as máquinas.

– Nesse caso, comentou o proprietário, a estratégia teve de ser alterada?

– No caso, não foi o que houve, disse Dr. Carlos, pois levei o caso ao conhecimento do vice-presidente, e o orçamento é que teve de ser alterado. Mas pode haver algum caso em que a estratégia se mostre inadequada, e terá de ser alterada.

– Isto implicaria fazer um novo plano estratégico, questionou João.

– Se for uma alteração pequena, observou o consultor, não é necessário refazer o plano estratégico, apenas anotar como observação para a realização do próximo. Se acontecer algum fato relevante que implique alteração substancial da estratégia da empresa, é claro que o plano estratégico deverá ser revisto.

– É o caso de uma empresa que pegue fogo, exemplificou Antônio. Mesmo que o seguro cubra os prejuízos, a empresa estará enfrentando uma nova realidade, que certamente influenciará no caminho que seguirá no futuro.

No desenvolvimento da Administração Estratégica, é necessário um acompanhamento por meio de um cronograma, para que as ideias não sejam perdidas na sua realização.

– Aconteceu com um amigo nosso, disse o proprietário, que tinha uma loja de material de construção que pegou fogo. Depois do incêndio pôde reconstruí-la com maior sofisticação, de forma que possibilitou ampliar suas vendas também para utensílios domésticos.

– A última etapa da implementação é o acompanhamento, mencionou João. Como devemos realizá-la?

– Como já mencionei, será necessário montar um cronograma; para isso deverão ser relacionadas todas as alterações de estrutura e do sistema administrativo a ser feito, respondeu o consultor. Tendo essa relação, deverão ser estabelecidas as datas-limites para cada mudança.

– Deveremos montar um cronograma, interrompeu João, e depois acompanhá-lo.

– Exato, retomou Dr. Carlos, mas nesse acompanhamento deverão ser envolvidos os gerentes nas atividades que lhes digam respeito.

– Assim como os gerentes, mencionou José, nós também gostaríamos de aprofundar nossos conhecimentos de alguns pontos da teoria de planejamento estratégico; para isso, gostaríamos de marcar outro dia para que o senhor nos indicasse uma bibliografia própria de cada assunto.

– Sem problema, brincou o consultor, só espero que depois não tenha de enfrentar a concorrência de vocês como consultores.

Parte Teórica

A administração estratégica envolve todas as funções administrativas (planejar, organizar, dirigir e controlar) no nível estratégico da organização.

A administração estratégica implica uma mudança de atitude das pessoas envolvidas no processo de Planejamento Estratégico. A atitude é composta de três elementos:

- cognitivo;
- afetivo;
- comportamental.

Cognição é a maneira pela qual um objeto ou ideia é percebido, seguindo os passos como: atenção, compreensão e conhecimento. O elemento afetivo é o sentimento de gostar ou não, e o elemento comportamental é a tendência para a ação.

A administração estratégica deve se preocupar em capacitar a organização para que seja possível mudar a atitude das pessoas de decisão. Estas pessoas deverão ser treinadas para se tornarem mais criativas nas decisões estratégicas.

A mudança de atitude deve se iniciar na cúpula, e é necessário criar um espírito crítico nas pessoas, procurando novas soluções estratégicas, administrativas ou operacionais, mas sempre voltadas para melhor adaptação ao ambiente, ou seja, procurando uma postura empreendedora.

Ao delegarmos, estamos dando maior autoridade, mas também maior responsabilidade.

Na estrutura funcional cada área tem a sua função e não entra na atividade da outra. Na estrutura matricial, o que interessa é resolver o problema, mesmo que tenhamos de entrar em outras áreas e até usar os seus serviços.

Quanto maior o nível de mudança de determinado setor de atividade, maior será a necessidade da Administração Estratégica para as empresas que nele atuam.

Questões

1. *O que é Administração Estratégica e porque as organizações devem buscá-la?*
2. *O que é atitude? Exemplifique.*
3. *Quais são os elementos da atitude? Explique.*
4. *Quais são os passos da cognição? Explique.*
5. *Comente a mentalidade crítica que as pessoas devem ter segundo a administração estratégica.*
6. *Qual é o principal resultado que a administração estratégica traz para a empresa?*

7. *Explique que tipo de risco é aumentado com a administração estratégica.*

8. *Qual é a estrutura hierárquica mais adequada para o uso da administração estratégica? Justifique.*

9. *Qual é a diferença entre procurar atingir metas específicas e objetivos da organização? Exemplifique.*

10. *O resultado que a administração estratégica pode trazer para uma empresa depende da intensidade de mudança do setor de atividade dessa empresa? Explique.*

11. *Como fazer para que o orçamento seja feito de acordo com o plano estratégico?*

12. *Como será o envolvimento das pessoas de decisão da empresa no acompanhamento do cronograma de mudanças?*

13. *Explique a relação entre planejamento estratégico e administração estratégica.*

Particularidades de Empresas que usam o Planejamento Estratégico

12

Antes da reunião programada, aconteceu o aniversário do proprietário, e o consultor, como amigo da família, não deixou de comparecer. Foi logo avisando:

– Não me falem de trabalho, hoje sou apenas um convidado.

Realmente, na maior parte da festa não se falou de trabalho, pois estavam todos se divertindo e aproveitando a comida e a bebida. Inclusive a Sra. Sílvia, amiga do Dr. Carlos, fora convidada. Até que a conversa se dirigiu para a política, economia e acabou surgindo uma dúvida de João:

– Sabe, Sra. Sílvia, em várias ocasiões o Dr. Carlos usou seu conglomerado para exemplificar passos do planejamento estratégico, e foi possível perceber que existem várias peculiaridades em relação ao Atacado e outras organizações. Como a senhora coordena o plano estratégico de um banco?

– Realmente, disse a empresária, as instituições financeiras, que não são somente os bancos, têm particularidades que dificultam a realização de um plano estratégico, mas nem por isso são menos necessários para esse tipo de organização.

– Quais seriam estas características?, questionou João.

– A característica que me parece mais importante para diferenciar uma instituição financeira em um plano estratégico, respondeu a Sra. Sílvia, é a falta de autonomia sobre seus produtos.

– Realmente, ponderou João, os produtos financeiros são regulamentados por lei, por isso, um banco (no sentido de uma instituição financeira) não pode criar um novo produto livremente.

– Dentro desta inflexibilidade, retomou a empresária, existe sempre alguma margem de manobra das instituições financeiras, que conseguem dar alguma diferenciação aos seus produtos.

– Seria o caso do depósito à vista remunerado?, perguntou João.

– Exato, respondeu a Sra. Sílvia. Mas veja que o produto é basicamente uma mistura de *over* com depósito à vista. Dessa forma, podemos entender que os produtos nas instituições financeiras fazem parte do ambiente da organização, ou seja, podem influenciar no rumo da empresa e esta pouco pode fazer para mudá-lo.

Uma instituição financeira não tem autonomia sobre seus produtos, dependendo sempre de regulamentação do Banco Central. Já pensou se os bancos passassem a emitir seu dinheiro?

– Quer dizer, indagou João, que um estudo ambiental de uma instituição financeira deverá incluir seus produtos?

– Sim, mencionou a empresária, pois seus produtos poderão estar com uma tendência de alteração, que será preciso levar em conta.

– É o caso do depósito à vista de que falávamos, disse João. Caso o Banco Central venha a permitir remuneração para esse novo produto, o banco que visualizar essa mudança ambiental com antecedência terá uma grande vantagem sobre seus concorrentes.

– Além de os produtos serem parte do ambiente, indagou João, que outra importante característica distingue as instituições financeiras para efeito de um plano estratégico?

– Outro ponto importante, mencionou a empresária, é a maior sensibilidade que as instituições financeiras têm com relação às mudanças ambientais. Por uma mudança de lei é possível que um produto financeiro deixe de ser rentável, ou perca grande parte de sua lucratividade. Seria o caso de um aumento substancial do compulsório do depósito à vista, que tornaria os pequenos correntistas deficitários.

– Como também pode acontecer o contrário, observou João, quando um produto que não apresentava maiores resultados para um banco se torna altamente rentável. Dessa forma, podemos verificar que essas duas características próprias das instituições financeiras se misturam.

– Sem dúvida, mencionou a Sra. Sílvia. Se os produtos financeiros estão fora da ação das suas organizações, é de se esperar que todas as mudanças de legislação tenham grande influência. Mas para agravar este fato, é preciso observar que qualquer mudança na política financeira do país acompanha uma alteração na legislação dos produtos financeiros.

– Realmente, ponderou João. É difícil passarmos um mês sem alguma alteração nas regras do jogo do mercado financeiro. É o imposto ou o compulsório que está toda hora subindo ou baixando.

– Para não falar nas alterações dos papéis da dívida pública, observou a empresária. Estou vendo que você tem bastante conhecimento sobre o mercado financeiro, João!

– Obrigado! Aprendi com o Dr. Carlos, insistindo que esses cenários são importantes para a análise do nosso macroambiente. No início foi difícil, mas ao final fiquei bastante interessado. Voltando à pergunta inicial, insistiu João, como é possível planejar alguma coisa para um tipo de organização que está permanentemente sofrendo mudanças radicais nas regras do jogo?

– Exatamente por isso é necessário que as instituições financeiras se dediquem mais ao estudo de sua estratégia, retomou a Sra. Sílvia, de forma a estar sempre em consonância com seu ambiente, isto é, procurando a eficácia da organização. Agora, respondendo à sua pergunta, diria que a instituição financeira tem de ter seu plano estratégico estratificado por níveis.

– No nível mais geral, questionou João, quais seriam as opções estratégicas?

– Na minha opinião, as principais opções estratégicas, respondeu a empresária, são:

1. Especialização por tamanho de cliente.
2. Complementaridade de serviços.
3. Localização.

– A senhora poderia explicar melhor?, solicitou João.

– Claro. A especialização por tamanho de cliente é aquilo que costumamos chamar de banco de atacado, ou seja, que se ocupa dos grandes clientes, e banco de varejo, que é aquele que cuida dos pequenos.

– Mas existem bancos que se ocupam tanto do pequeno, como do grande cliente, observou João.

– Quando um banco mistura os pequenos e os grandes clientes, mencionou a empresária, normalmente não dá o serviço adequado nem a um, nem a outro, pois temos características próprias para cada tipo de cliente. Por outro lado, existem bancos que conseguem separar na sua estrutura o atendimento dos grandes clientes, que normalmente chamam de plataforma, do atendimento dos pequenos.

Uma das opções estratégicas é diferenciar o atendimento do banco segundo o tamanho de seus clientes. O banco que atende aos grandes é o banco de atacado, e aquele que atende aos pequenos é banco de varejo.

– É o mesmo que acontece no Atacado São Jorge, disse João. Precisamos de um vendedor especializado para uma confecção, que não é o mesmo a atender um varejista. O tecido vendido pode até ser o mesmo, mas o preço, as características de cada mercado e até a atenção dispensada têm de ser diferentes. Da mesma forma que alguns bancos, poderíamos ser especializados apenas em grandes clientes, vendendo apenas para confecções.

– Quanto à complementaridade de serviços, prosseguiu a Sra. Sílvia, é o caso de uma opção de uma instituição financeira oferecer um ou mais serviços que se complementam.

– A senhora poderia dar um exemplo?, solicitou João.

– É o caso de seguradoras, mencionou a Sra. Sílvia, que poderão chegar a ser grandes organizações, independentemente de um conglomerado financeiro.

– O que seria a opção estratégica de localização?, indagou João.

– Existem organizações que têm como opção crescer apenas regionalmente, ou apenas dentro do país, e ainda temos aquelas que se voltam para o exterior.

– A senhora poderia dar algumas características das três opções estratégicas mencionadas?, solicitou João.

Da mesma forma que um atacado de tecidos pode ter como estratégia oferecer a seus clientes produtos que se complementam, também as instituições financeiras podem usar essa estratégia.

– Uma organização financeira varejista, observou a Sra. Sílvia, tem como característica captar a custo baixo e aplicar a taxa alta, gerando alta margem de lucro, mas, por outro lado, sofrendo um custo administrativo e operacional elevado, além de maior probabilidade de inadimplência que é própria dos pequenos negócios.

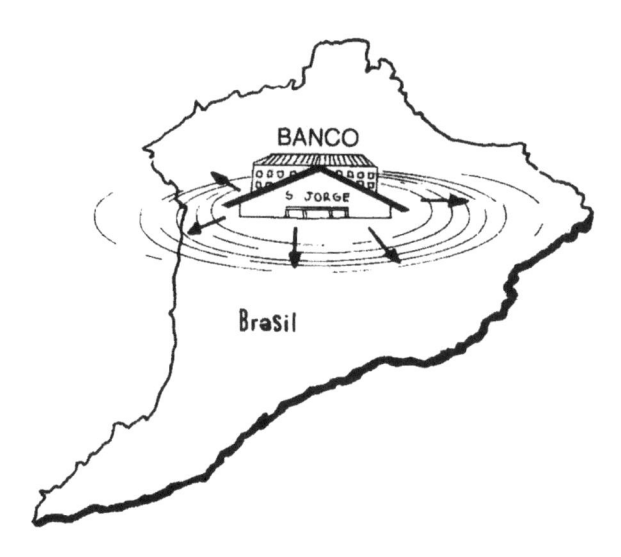

A opção estratégica de localização é válida para qualquer tipo de empresa, mas alguns dos produtos financeiros, como a cobrança, é facilitado para os bancos que têm uma cobertura maior do país.

– A organização financeira atacadista, interrompeu João, terá margem menor, mas também custo administrativo e operacional menor, e menor risco nos negócios.

– O risco das operações, observou a empresária, não é que seja menor em uma organização financeira atacadista; o que existe é menor probabilidade de as empresas grandes tornarem-se inadimplentes. Mas quando isto acontece, o efeito na organização financeira é maior devido à concentração de seus clientes.

– Está certo, concordou João. Se um banco atacadista, que tenha, por exemplo, mil clientes, e dez destes se tornam inadimplentes, teremos 1% dos clientes, ao passo que um banco varejista que tenha um milhão de clientes para ter a mesma proporção teria de ter dez mil clientes na mesma situação.

– Além disso, completou a Sra. Sílvia, poderá haver em um banco atacadista maior concentração, sendo que um único cliente poderá representar, digamos, 20% da carteira. A quebra dessa empresa poderá também trazer problemas financeiros para o banco.

– E que característica você poderia mencionar para a estratégia de complementaridade de serviços?, solicitou João.

– A formação de conglomerados financeiros, mencionou a empresária, proporciona uma sinergia operacional, à medida que o cliente de um serviço poderá utilizar-se de outro.

– Muitas vezes, complementou João, o cliente pode mudar de banco por este não ter determinado serviço.

– Por outro lado, mencionou a Sra. Sílvia, se uma instituição financeira faz de tudo, é provável que não dê o mesmo serviço que a especialista.

– Qual seria uma característica de uma estratégia de localização?, indagou João.

– Os bancos regionais muitas vezes são especialistas em determinado segmento de clientes, observou a empresária, em função da região em que atuam. No Brasil, os bancos regionais foram, na maioria, absorvidos pelos conglomerados, mas nos EUA são mais comuns os bancos regionais, que, por sua característica, operam especialmente na atividade de sua região. Assim, por exemplo, conheci um banco no Kansas que conhecia como nenhum outro as operações financeiras relativas à plantação e comercialização do trigo.

– Nos EUA, observou João, os bancos são regionais por força de lei, pois não podem atuar em mais de um Estado.

– Realmente, ponderou a empresária, a figura do banco nacional é prejudicada nos Estados Unidos, embora existam serviços financeiros como cartão de crédito e *traveller check*, vendidos em todo o país. No Brasil, o banco de atuação nacional tem a vantagem de evitar os bancos correspondentes, o que pode agilizar serviços de cobranças, transferências etc.

– Mas terá também um custo mais elevado?, questionou João.

– Na maioria das vezes, os bancos de atuação nacional, mencionou a Sra. Sílvia, têm agências apenas nas capitais e maiores cidades, o que não é tão dispendioso, se considerarmos que o movimento dessas praças por si torna as agências rentáveis. Mas, de qualquer forma, os bancos com agências distantes têm seu custo aumentado por viagens, comunicações, processamento de dados descentralizados etc.

– Além dessas três grandes opções estratégicas, indagou João, que outras estratégias podem ser traçadas para uma organização financeira?

– Uma organização financeira, comentou a empresária, pode estabelecer outras estratégias, mas sempre de acordo com sua estratégia maior.

– Quer dizer, estranhou João, que poderemos ter uma espécie de árvore de estratégias, ou seja, uma estratégia maior da qual resultam outras menores, e assim sucessivamente?

– Mas isso não acontece só com os bancos, disse a Sra. Sílvia. É possível que no próprio caso do Atacado São Jorge vocês tenham feito isso quando buscaram verificar se não havia incoerência entre estratégias estabelecidas. O próprio Dr. Carlos sempre nos orienta neste alinhamento.

– Isto ficou mais claro para mim, comentou João, quando estratificamos os objetivos para fazer sua quantificação.

– As instituições financeiras, retomou a Sra. Sílvia, por sofrerem maior pressão do ambiente, devem estar permanentemente atentas para adaptar-se, alterando, se preciso, qualquer estratégia, realizando o monitoramento do ambiente.

– Por isso, observou João, é que a segmentação da estratégia é mais visível em uma instituição financeira.

– Sim, respondeu a empresária, a cada mexida não é necessário reconstruir toda a casa, apenas acertar as telhas que saíram fora de lugar.

– Em outras palavras, esclareceu João, a cada mudança do ambiente, que normalmente acontece por alteração de legislação, não é necessário fazer todo um novo plano estratégico, mas apenas rever os pontos que foram afetados.

– Como você vê, observou a Sra. Sílvia, o processo de planejamento estratégico em uma organização financeira é bastante vivo, devido às constantes alterações ambientais.

– Mas como é possível um banco sobreviver, indagou João, sem a constante adaptação ao ambiente que o planejamento estratégico proporciona?

– Na verdade, mencionou a empresária, os bancos procuram adaptar-se ao ambiente. Mas isso acontece normalmente de maneira informal, gerando muitas vezes um atraso na adaptação da organização e, pelo fato de que o processo muitas vezes não é feito de forma estruturada, ele se torna trabalhoso e desgastante. Nessa hora aproximou-se o consultor, que foi logo brincando com João:

– Você não está pensando em abrir uma financeira São Jorge, está, João?

– Não, por enquanto, respondeu João, entrando na brincadeira. Estou perguntando sobre planejamento estratégico em bancos, que me pareceu bastante particular. Obrigado pela aula, Sra. Sílvia, espero não tê-la importunado.

– Imagine, João, desde que passamos a realizar o Planejamento Estratégico, este se tornou um dos meus temas preferidos de estudo e discussão, respondeu a empresária.

– Se estão interessados em particularidades do PE, interferiu o Dr. Carlos, na semana passada ministrei uma palestra sobre Planejamento Estratégico Pessoal, ou seja, como aplicar as ferramentas do PE para a própria pessoa.

– Resumidamente, Dr. Carlos, quais seriam as particularidades nesse processo de PE para o indivíduo?, perguntou João.

– Em um processo de PE Pessoal, é muito importante que as pessoas definam valores que querem seguir para sua vida, pois as decisões mais importantes que tomamos tem que estar em sintonia com nossos valores. Por isso, uma pessoa se separa de seu cônjuge porque seus valores não estão de acordo, outra deixa de trabalhar numa empresa porque não se identifica com os valores da empresa ou de sua chefia imediata.

– O que leva uma pessoa a se motivar com uma estratégia para sua vida?, perguntou João.

– Da mesma forma que numa empresa, temos que ter uma visão para nosso futuro. Essa visão tem que dar algum sentido para nossas ações, de modo que, ao desenvolvermos as atividades, teremos um sentido maior por trás, que nos motivará a realizá-las.

– Sim, é verdade. Quando eu tive uma bolsa de estudos na Inglaterra, meus colegas costumavam lavar pratos e servir mesas de uma pizzaria, e eu achei prazeroso desenvolver aquela atividade, porque havia um sentido por trás, que era desenvolver algo com meus colegas, e me aplicar melhor no aprendizado da língua. Mas quando voltei para casa, contei isso para meus pais, que quiseram que eu passasse a lavar os pratos. Minha reação foi explicar que não que eu gostasse de lavar os pratos, mas naquele momento havia um sentido, o que eu não via muito em casa. Apesar de que meu argumento não foi muito convincente, tive que lavar os pratos do mesmo jeito...

– Imagino que o Sr. José tenha lhe colocado na linha mesmo, brincou o consultor.

– Falamos de empresas grandes e médias, e de indivíduos. E para uma microempresa, Dr. Carlos, existem particularidades no PE?, perguntou João.

– Certamente, João. Uma microempresa precisa se aproveitar da agilidade que a sua estrutura enxuta lhe oferece. E podemos relacionar com a motivação que pode trazer ao indivíduo, como no seu caso para lavar pratos. Em uma microempresa, os donos são capazes de passar a noite trabalhando, e no dia seguinte, estar com sorriso nos lábios de satisfação por terem conseguido atender a um pedido urgente. Assim, no plano estratégico, o microempresário tem que valorizar esse seu ponto forte para suprir sua deficiência de estrutura e porte em relação a uma grande empresa.

– Esse ponto da estrutura me lembra a época em que meu pai começou o Atacado São Jorge, colocou João. Eu e o Antônio ainda éramos crianças, mas minha mãe trabalhava em casa, recebendo os pedidos por telefone, e meu pai estava sempre fora, vendendo de confecção em confecção. Somente na época em que o Atacado começou a crescer é que foi necessário alugar um escritório, afinal meu pai não queria pessoas estranhas dentro de casa.

– Tem um formato de negócios que eu gostaria de entender melhor, Dr. Carlos, continuou João. Ouvi falar dos Negócios Sociais recentemente, e fiquei na dúvida sobre qual a diferença em relação a organizações sem fins lucrativos.

– As duas têm como missão gerar impacto social, João, porém a ONG capta recursos financeiros mediante doações e patrocínios. Ao passo que o Negócio Social procura gerar os próprios recursos com base em atividades de mercado, podendo inclusive gerar lucro para o proprietário. Para o planejamento estratégico de ambos, precisamos entender que os objetivos principais não são apenas de resultado financeiro, e sim de impacto social também. É necessário estabelecer métricas de acompanhamento para os dois objetivos. Outra particularidade é em relação a análise dos clientes, principalmente no caso das ONGs. Temos dois grupos de clientes, para quem devemos gerar valor: o cliente beneficiário e o cliente financiador. No caso de negócios sociais, o beneficiário pode ser também o financiador. Por exemplo, tenho um colega que tem uma escola particular de baixo custo com qualidade para alunos de baixa renda. São as próprias famílias beneficiárias que pagam a escola, com um custo reduzido.

Nesse momento, aproximou-se o Sr. José, que foi logo brincando com João:

– Você não está tirando uma consultoria de graça do Dr. Carlos, não é?

– Não, respondeu João. Estou perguntando sobre particularidades do planejamento estratégico em outros tipos de organizações.

– Mesmo assim, voltou o proprietário, hoje você está proibido de falar de assunto de serviço. Ah! Antes que eu esqueça, quando será a nossa próxima reunião mesmo?

Desta vez, sua pergunta ficou sem resposta.

Parte Teórica

As instituições financeiras não têm autonomia sobre seus produtos, porque estes são regulamentados por legislação. O que se faz são combinações de produtos financeiros para adaptar-se às necessidades dos clientes.

No estudo do ambiente de uma instituição financeira é preciso incluir seus produtos, ou seja, é necessário estudar as tendências de mudança de legislação dos produtos.

Existe grande turbulência no ambiente das instituições financeiras, particularmente em épocas de instabilidade econômica.

As principais opções estratégicas nas instituições financeiras são:

- Especialização por tamanho de cliente: banco de atacado × varejo.
- Complementaridade de serviços: a instituição poderá optar por atuar em apenas um segmento da área financeira, ou desejar oferecer uma complementaridade de seus serviços, atuando em mais de um segmento da área financeira.
- Localização: as organizações poderão escolher entre crescer apenas regionalmente, dentro do país, ou até internacionalmente.

Uma organização financeira varejista normalmente capta a custo baixo e aplica a taxa alta, gerando alta margem, mas com custos administrativos e operacionais elevados. A organização atacadista, ao contrário, trabalha com margem pequena, devido ao alto volume e custos administrativos e operacionais mais baixos. O risco da organização financeira atacadista é mais concentrado, por trabalhar com número pequeno de clientes, mas que, por sua vez, normalmente apresentam menor risco por serem grandes e terem suas operações analisadas em maior profundidade.

A complementaridade dos serviços gera sinergia operacional positiva, mas pior nível de atendimento pela falta de especialização.

Uma instituição financeira regional tem normalmente custo menor devido à proximidade de seus escritórios ou agências. Por outro lado, deixa de atender serviços que necessitam de representantes em outras regiões ou até países.

Das estratégias maiores poderemos estabelecer estratégias menores, dentro de uma hierarquia, o que facilita as revisões, pois teremos de reavaliar apenas os pontos afetados.

O Planejamento Estratégico Pessoal é o processo de aplicar as ferramentas do PE para a própria pessoa. No PE Pessoal, o indivíduo identifica os valores que quer seguir para sua vida, pois suas decisões mais relevantes deverão estar em sintonia com seus valores principais. Outro elemento importante é a visão estabelecida, que deve dar sentido às ações no presente, de modo que, ao desenvolvê-las, o indivíduo sinta-se motivado e trabalhando por um propósito de vida.

O Planejamento Estratégico aplicado para microempresas precisa tirar o maior proveito da agilidade que sua estrutura enxuta lhe oferece, valorizando o ponto forte da flexibilidade que em geral estas empresas apresentam. Nessa fase, também deve buscar a mínima estrutura organizacional e baixos custos fixos, como utilizar espaços domésticos, e ajuda de pessoas próximas.

Tanto ONGs quanto negócios sociais têm como missão criar impacto social, porém diferenciam-se na estratégia de geração de recursos. Enquanto a ONG se financia principalmente por meio de doações, o negócio social procura conseguir recursos com a própria atividade de mercado. No planejamento estratégico de ambos é preciso considerar que os objetivos principais não são apenas de impacto social, mas também buscar sustentabilidade financeira. É necessário estabelecer métricas de acompanhamento para os dois objetivos. Outra particularidade é em relação à análise dos clientes, principalmente no caso das ONGs. Em geral, existirão dois grupos de clientes, para quem deve-se gerar valor: o cliente beneficiário e o cliente financiador.

Questões

1. *Quais são as características que tornam diferente o planejamento estratégico de uma instituição financeira? Explique.*

2 *Por que os produtos financeiros fazem parte do ambiente de sua organização?*

3. *No nível mais geral, quais seriam as opções estratégicas de uma instituição financeira? Descreva suas características.*

4. *Qual é a vantagem de termos as estratégias separadas por estratos no PE de uma instituição financeira?*

5. *O que acontece com as organizações que procuram apenas informalmente adaptar-se ao ambiente?*

6. *Quais as particularidades do Planejamento Estratégico para o indivíduo em vez de uma organização? Explique.*

7. *Quais os principais pontos a serem valorizados no PE para uma microempresa? Dê exemplos.*

8. *Quais as semelhanças e diferenças entre ONGs e Negócios Sociais? Como estas diferenças afetam o Planejamento Estratégico dessas organizações?*

9. *Aponte características diferenciadoras na missão de grandes empresas, e de micro e pequenas empresas.*

10. *Quais características são típicas de missões para o desenvolvimento do Planejamento Estratégico de ONGs e Negócios Sociais?*

11. *Para o desenvolvimento do PE Pessoal, o que prevalece como principal direcionador: a missão, a vocação ou os valores?*

Recomendações para a Introdução do Planejamento Estratégico

13

Uma tarde, o consultor foi visitar o proprietário no Atacado São Jorge. Como era de se esperar, acabaram entrando na conversa João e Antônio.

O assunto de que trataram foi uma avaliação da introdução do planejamento estratégico, a hipótese de contratar uma pessoa para ser coordenadora de planejamento estratégico no Atacado São Jorge e dúvidas quanto ao posicionamento hierárquico do Coordenador de Planejamento Estratégico.

O proprietário observou ao Dr. Carlos:

– O senhor tinha razão que haveria resistência quanto à introdução do planejamento estratégico; confesso que eu mesmo fiquei um pouco com o pé para trás no início, talvez por desconhecer as técnicas de Planejamento Estratégico e não querer envolver-me em mais atividades.

– É, isso também aconteceu um pouco conosco, observou Antônio, e particularmente os gerentes temiam perder a autonomia, ou seja, acharam que haveria maior controle sobre eles.

De fato, o que aconteceu foi o contrário, pois passaram a ter maior flexibilidade para operar, embora também com maior responsabilidade.

– Achei muito importante, mencionou João, a colocação do Dr. Carlos de que, logo no início, deixássemos claro que a avaliação dos gerentes teria de levar em conta sua *performance* no desenvolvimento do planejamento estratégico, pois na empresa as pessoas têm de agir em razão de uma estratégia estabelecida.

– Será que daria certo, perguntou Antônio, passar essa tarefa de planejamento estratégico para um técnico contratado?

– Nas atividades administrativas e operacionais, respondeu o consultor, é possível contratar um técnico, e ele poderá resolver seu problema. Mas, na determinação da estratégia, ele só conseguirá fazê-lo se tiver toda a autoridade para dirigir a empresa, pois o presidente de uma empresa é o responsável por seus aspectos estratégicos.

– É, disse o proprietário, sei que a missão da diretoria é dirigir a empresa, e que o presidente deve passar a maior parte de seu tempo cuidando de assuntos estratégicos, pois os assuntos administrativos e operacionais cabem à gerência. Mas é que meu sobrinho, o Chico, se formou em administração, e está particularmente interessado em trabalhar em Planejamento Estratégico.

– Na verdade, interveio João, gostaríamos que ele trabalhasse comigo, que sou o coordenador de Planejamento Estratégico e de outros trabalhos financeiros.

– É importante lembrar, disse o consultor, que a atividade de Planejamento Estratégico não é uma atividade financeira nem de marketing, embora tenha muita relação com estas duas áreas da administração. Quanto ao Chico trabalhar subordinado ao João, não haverá problema, desde que, nos assuntos de Planejamento Estratégico, seja ligado funcionalmente ao proprietário.

– Mas eu também não sou diretor?, protestou João.

– Sim, respondeu Dr. Carlos, mas quem tem a maior autoridade na organização é o Sr. José, e terá de continuar a comandar o processo de Planejamento Estratégico.

– Ouviram o que ele disse, brincou o proprietário. Quem continua mandando aqui é o velho pai.

– Como está posicionado o Coordenador de Planejamento Estratégico em organizações maiores?, indagou Antônio.

– O posicionamento do coordenador de PE, disse Dr. Carlos, é um fator muito importante para o sucesso do PE em uma organização. Em uma grande organização, podemos ter uma unidade de PE, que tenha a mesma função de um coordenador, que em uma pequena organização como o Atacado São Jorge, poderá ser até parte do horário de um funcionário. Dessa forma, uma unidade de PE em uma grande organização poderá aparecer de inúmeras formas, por exemplo: ligada em forma de *staff* ao presidente; ligada a uma área operacional, mas com ligação funcional ao presidente.

– Como funcionaria em uma empresa que tenha divisões de mercado?, questionou Antônio.

– Nesse caso, disse o consultor, normalmente existe uma unidade central que faz parte da corporação e que coordena outras unidades de PE, de cada divisão de mercado. A unidade central normalmente faz estudos ambientais no que se refere à política econômica, como também acompanha o cronograma e atividade das outras unidades e, no fim, faz um plano consolidado de toda a empresa.

– Existem alguns aspectos próprios da empresa, perguntou João, que também devem ser tratados por essa unidade central?

– Sem dúvida, mencionou Dr. Carlos, existem pontos como remessa de lucros, pagamento de dividendos, escritório central etc. que são próprios da unidade central, mas também é nessa unidade que é planejada a diversificação.

– Quer dizer, disse João, que as outras unidades só se preocupam com a expansão dos produtos existentes?

– A expansão, voltou o consultor, não é só dos produtos existentes em novos mercados, mas também de novos produtos nos mercados já atendidos.

– Na verdade, disse Antônio, as divisões de mercado têm autonomia relativa, pois só podem procurar a expansão, de forma a obter alguma forma de sinergia, e na corporação, além de se preocuparem com a diversificação, também estudam operações que envolvam alterações de capital, como aquisições, fusões, vendas etc.

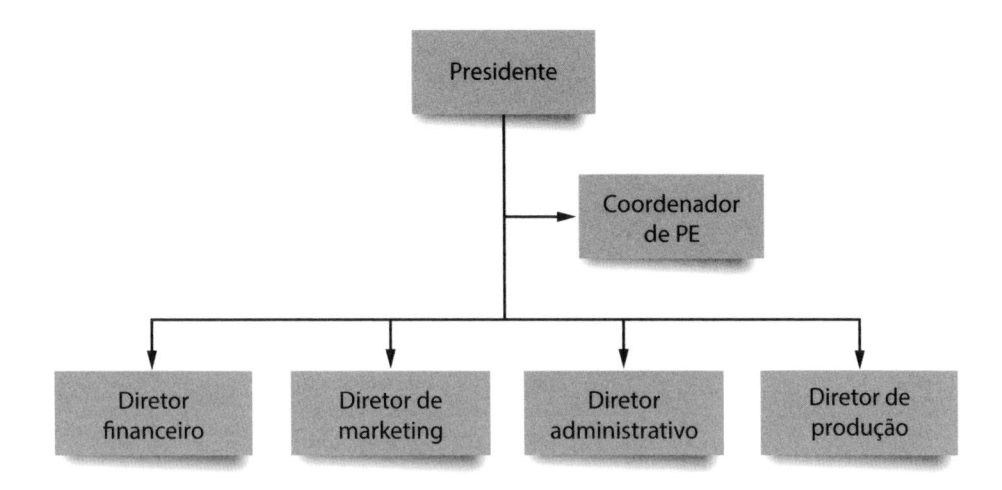

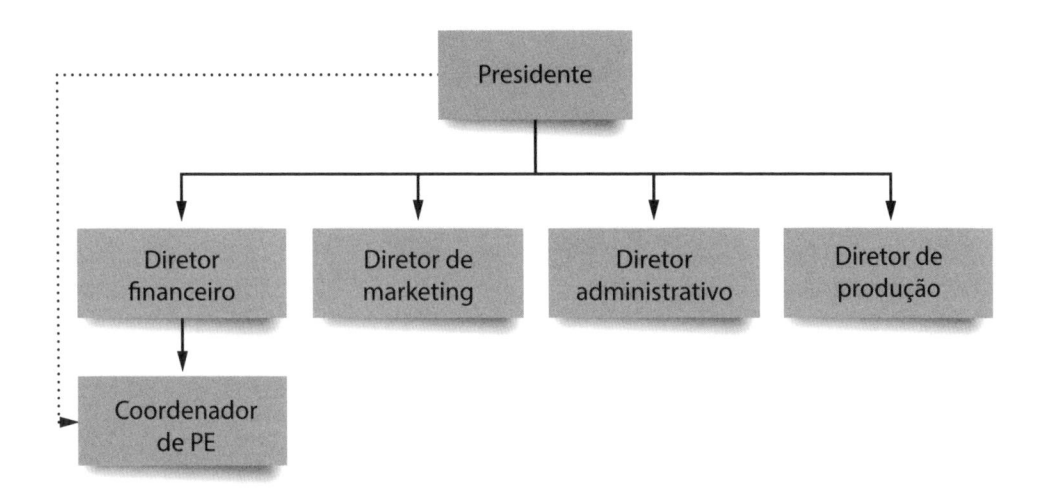

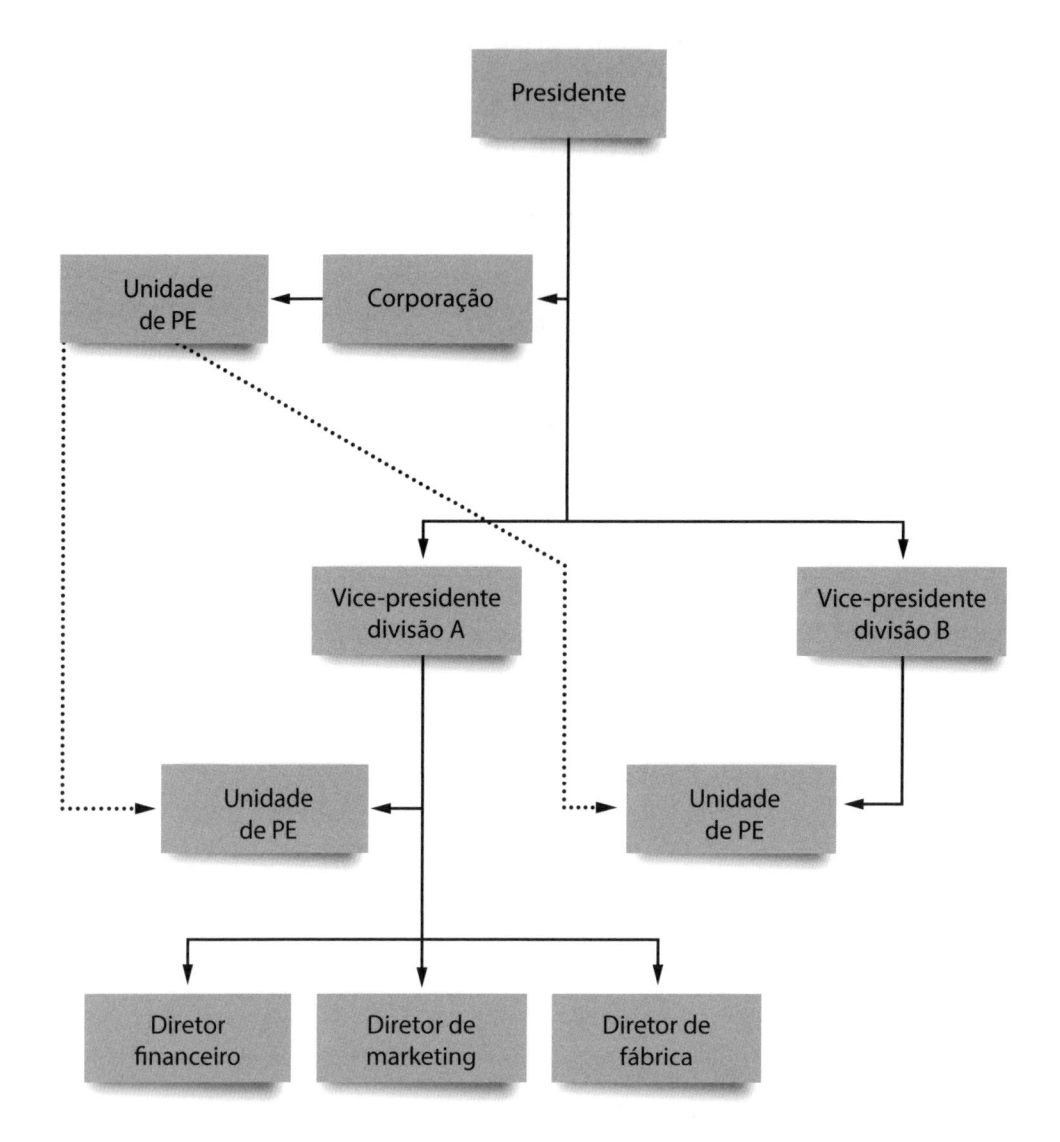

Figura 13.1 Alternativas de posicionamento da coordenação do PE.

Parte Teórica

Resistências ao Planejamento Estratégico
- Desconhecimento das técnicas
- Falta de tempo
- Perda de autonomia

Alteração na Avaliação de Desempenho
- Passar a levar em conta o trabalho em Planejamento Estratégico e sua implementação

O coordenador de PE, ou unidade de PE em grandes organizações, tem de ter ligação direta com a maior autoridade da empresa.

Planejamento Estratégico não é uma atividade da área de finanças ou marketing, podendo estar ligado a uma destas áreas, mas sempre com uma ligação funcional com o presidente (no sentido de maior autoridade da empresa).

Nas empresas divisionalizadas é aconselhável que cada divisão tenha sua unidade de Planejamento Estratégico para cuidar da expansão; na unidade central seriam estudados os casos de diversificação, aquisições, vendas, alianças estratégicas, fusões etc., além dos aspectos próprios da empresa.

Questões

1. *Cite três exemplos de fatores que poderão gerar resistências à introdução do PE.*

2. *Por que é importante que a avaliação de desempenho passe a refletir o desempenho das pessoas de decisão no PE?*

3. *Qual é a diferença entre um coordenador de PE corporativo e o de uma unidade de PE?*

4. *Por que o coordenador de PE deve ter contato com o presidente?*

5. *Planejamento Estratégico está ligado a marketing ou finanças? Explique.*

6. *Como pode estar posicionada uma unidade de PE em uma organização divisionalizada?*

7. *Em organizações como corporações que atuam em vários negócios diversificados, qual é o papel do PE central e o de cada uma das diferentes divisões integrantes da corporação? Como é feita a articulação entre o PE central e o PE de cada unidade?*

Anexo
Recomendações para Professores de Trabalhos, Casos e Exercícios

Em nossa experiência de lecionar Planejamento Estratégico, sentimos a necessidade de compor o curso com trabalhos e exercícios de forma que os alunos possam, mesmo que de forma simplificada, sentir as dificuldades e as realizações de trabalhos com Planejamento Estratégico.

Quanto ao trabalho, recomendamos que seja realizado em grupos de no máximo cinco elementos e versando sobre um aspecto do Planejamento Estratégico em uma empresa que os alunos escolherem. Estes aspectos poderão ser, por exemplo:

- Uma análise da estratégia vigente da empresa.
- Sistema de informações do ambiente (concorrência, economia etc.).
- Relacionamento dos diversos sistemas de Planejamento da Empresa.
- Descrição da tomada de uma decisão estratégica.

Às vezes, os alunos têm dificuldade de encontrar empresas que tenham o processo de Planejamento Estratégico formalizado. Mas isto não deve ser impedimento, pois, mesmo que a empresa não o tenha formalizado, ela é obrigada a tratar de decisões estratégicas, o que poderá ser um bom instrumento de aprendizagem para os alunos.

Além do trabalho, o estudo de casos, particularmente das empresas nacionais, também pode resultar em boa visão prática de como é a estratégia de empresas de sucesso no Brasil. Esses casos aparecem frequentemente em entrevistas de empresários publicadas em jornais e revistas.

Para dar uma visão mais atual ao leitor, e incentivá-lo à leitura de assuntos relacionados com Planejamento Estratégico, é interessante incluir como uma das notas de participação a pesquisa de um artigo recente sobre algum assunto relacionado ao Planejamento Estratégico.

O exercício em classe tem-se mostrado muito bom para sedimentar os conhecimentos dos alunos, pois é por meio de discussões em grupo que as divergências de entendimentos são sanadas. Apresentamos a seguir alguns exemplos de exercícios:

1. Imagine uma empresa com determinada estratégia, e atribua cinco objetivos de acordo com a estratégia. Para cada objetivo escolhido, deverá haver um indicador de desempenho, a situação atual desse indicador de desempenho e as metas para os próximos cinco anos. Observamos que, na medida do possível, as metas deverão crescer exponencialmente, e não linearmente, pois esse fato distorce o percentual de crescimento.

Um exemplo seria um atacado de tecidos, que tem como uma de suas estratégias aumentar a participação no mercado.

Quadro 1 Objetivos de um atacado de tecidos.

Objetivos	Indicador Desempenho	Situação Atual	Metas				
			1	2	3	4	5
Aumentar Volume de Vendas	Unidades Vendidas (m)	100.000	105.000	110.250	115.762	121.550	127.628
Diversificar Praças	Número de Praças	3	4	4	5	5	6
Aumentar Representantes	Número de Representantes	10	11	12	13	14	15
Aumentar Vendedores	Número de Vendedores	100	103	106	109	113	116
Despesas com Publicidade	Percentual das Vendas	0	2%	2%	2%	2%	2%

2. Imagine uma empresa ou uma Unidade de Negócios e analise sucintamente a variável ambiental de cada segmento. Por exemplo: tecidos importados de um atacadista de tecidos.

A. Macroambiente

Solo: Pessoas com alto poder aquisitivo.

Podemos imaginar que o número dessas pessoas tende a ter crescimento baixo, pois a natalidade nesta faixa da população é pequena e a ascensão social será reduzida em função dos problemas econômicos que enfrenta o país.

De maneira geral, podemos classificar essa variável ambiental como neutra, pois não será nem favorável, nem desfavorável para o futuro desta Unidade de Negócio.

Clima: Política de importações.

Acreditando haver maior internacionalização da economia, que facilitará as importações, isto representará que esta variável será favorável à Unidade de Negócio estudada (tecidos importados).

B. Ambiente Operacional: Concorrência

Temos conhecimento de que um importante atacadista que atua com tecidos importados está associando-se com um produtor inglês, o que deverá tornar desfavorável este segmento do ambiente para tecidos importados.

C. Ambiente Interno: Aspiração dos Funcionários

Notamos uma tendência de que os funcionários, talvez por influência de suas sindicalizações, estão cada vez mais colocando exigências, o que levará a uma condição desfavorável na análise ambiental.

Conclusão: Das variáveis ambientais estudadas, concluímos que o ambiente futuro deverá ser um pouco mais desfavorável à venda de tecidos importados do que é atualmente.

3. Escolha um tipo de produto, como *videogames* ou automóvel, e classifique-o segundo a matriz do BCG. Não mencionaremos nomes de produtos, para não limitar o exercício, mas poderemos ter comentários como:

- *Produto Ponto de Interrogação:* produto recém-lançado, com pequeno consumo, exigindo altos investimentos em propaganda (alto crescimento e baixa participação).
- *Produto Estrela:* produto da moda, mas que ainda requer investimentos, embora já conte com alta participação.
- *Vaca Leiteira:* produto consolidado, em mercado definido e estagnado, não exigindo despesas de propaganda, apenas gerando caixa.
- *Cachorro:* embora de concepção ultrapassada, o produto é mantido talvez por tradição, com vendas baixas, sem perspectivas de crescimento.

4. Imagine que você tenha de fazer uma quantificação dos objetivos e para isto tenha de projetar para dois pontos no futuro uma demonstração de Resultados e Balanço e, por interpolação, montar as fontes e aplicações de Recursos.

Observamos que o tempo de uma aula normalmente não será suficiente para a realização do trabalho em grupo, devendo ser terminado fora da classe.

Para as contas da demonstração de Resultados e Balanço, sugerimos a utilização de apenas poucas contas para não dificultar o trabalho.

É importante observar a coerência entre a evolução das contas, por exemplo, seria incoerente uma redução do percentual de propaganda e promoções e um aumento de vendas, ou um aumento de produção sem o correspondente aumento de máquinas e equipamentos.

Esses trabalhos devem ser apresentados pelos alunos, e as premissas que lhes levaram a assumir os números devem ser discutidas.

Como exemplo de contas a serem seguidas, temos:

DEMONSTRAÇÃO DE RESULTADOS

	ANO 0	ANO 5	ANO 10
VENDAS • Custo de Produção			
LUCRO BRUTO • Despesa de Propaganda e Promoção • Despesas de Vendas			
CONTRIBUIÇÃO POR UNIDADE DE NEGÓCIO			
• Despesas Administrativas • Receitas/Despesas não Operacionais			
RESULTADO ANTES DE IR • Imposto de Renda			
LUCRO LÍQUIDO			

BALANÇO PATRIMONIAL

	ANO 0	ANO 5	ANO 10
ATIVO • Disponível • Contas a Receber • Estoques • Imobilizados			
TOTAL			
PASSIVO • Contas as Pagar • Patrimônio Líquido			
TOTAL			

Além dos trabalhos, casos e exercícios, é importante haver uma cobrança contínua, por meio de pequenas provas, de forma a estimular o aluno a ler o material, prestar atenção na aula e frequentá-la em sua totalidade.

A seguir, alguns exemplos de provinhas rápidas de aplicar e de corrigir.

1. Prova em que o aluno terá de escolher se a alternativa é falsa ou verdadeira. Para desencorajar as respostas apenas baseadas na sorte, temos o hábito de registrar que cada questão errada anula uma certa.

Exemplo 1

1. Eficiência é fazer uma coisa da melhor maneira possível. (V)

2. Eficiência é fazer algo que precisa ser feito. (F)

3. O Planejamento Estratégico procura essencialmente a eficácia da empresa. (V)

4. A organização de uma empresa pode ser analisada em três níveis: administrativo, operacional e estratégico. (V)

5. A eficácia de uma empresa é medida pelo seu grau de liquidez financeira. (F)

Exemplo 2

1. A sinergia positiva acontece principalmente na diversificação. (F)

2. Na integração vertical, a empresa é seu próprio cliente. (V)

3. A estratégia de contenção ocorre quando vendemos parte da empresa. (F)

4. Na estratégia de concentração, a empresa fica só em um negócio. (F)

5. Na integração horizontal procuram-se produtos e serviços complementares. (V)

Exemplo 3

1. O plano estratégico só pode ser divulgado para a diretoria (F)

2. A estrutura de uma empresa independe da sua estratégia. (F)

3. Não são todas as empresas que se prejudicam com a inflação. (V)

4. Mercado potencial de um produto são suas vendas totais. (F)

5. O ambiente de uma empresa é tudo aquilo que a influencia, mas que a empresa pouco ou nada pode fazer para mudar. (V)

Outro tipo de provinha, rápida de aplicar e de corrigir, é a de preencher lacunas. Para montar este tipo de prova podem-se fazer resumos teóricos, suprimindo algumas palavras do texto, tomando-se o cuidado para que este continue compreensível.

Exemplos de resumos

1. Na administração das organizações, podemos distinguir três níveis com características diferentes: estratégico, administrativo e operacional.

2. Planejamento Estratégico é uma técnica administrativa que, por meio da análise do ambiente de uma organização, cria a consciência de suas oportunidades e ameaças, de seus pontos fortes e fracos para o cumprimento de sua missão e, por essa consciência, estabelece o propósito de direção que a organização deverá seguir para aproveitar as oportunidades e evitar ameaças.

3. Administração Estratégica é o processo de tornar a organização capaz (capacitação) de integrar as decisões administrativas e operacionais com as estratégias, procurando dar ao mesmo tempo maior eficiência e eficácia à organização.

4. Para facilitar a implementação de um plano estratégico, podem ser estabelecidas políticas, que são regras repetitivas para a tomada de decisões. É importante que estas estejam de acordo com as estratégias estabelecidas.

5. O ambiente de uma organização é composto de fatores que têm influência sobre uma organização, e esta pouco ou nada pode fazer para alterá-los. A análise ambiental deve ser segmentada por Unidade de Negócio, em função de suas particularidades, sendo necessário estabelecer estratégias independentes para cada uma delas.

Impressão e acabamento:

Geográfica editora

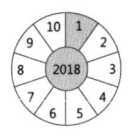